用對的方法充實自己，
讓人生變得更美好！

用對的方法充實自己，
讓人生變得更美好！

孩子一不小心就觸法

專業律師親授

預防孩子誤闖法律禁區的33堂課

作者序

記得，洪蘭教授曾提醒大人們蹲下來，站在孩子的高度對話，才能看清楚孩子眼中的世界，也才不會因爲本位主義過重，而忽視了孩子們的努力或是想法。

從法治教育的意義來講，法律是代表整個社會秩序的規範，人是社會全體一份子，就要遵守整體社會秩序規範。從法律秩序的規範來講，會動用到法律來評價某個人是否犯罪，實際上是在評價某個人的「行為」（作為或不作為），而不是「某個人」。所以，行為才是刑法評價的對象，如果不是「行為」，不是出於意思所主宰支配或可支配，就屬於「意外」，就不必經過是否構成犯罪之檢驗。

青少年時期，就像海綿般大量汲取知識養分，同時也正在重塑大腦認知神經。新文明的蠻荒時代裡，青少年，尤其父母、師長們對於教養法律的迫切需求，猶如燃眉，不能稍待片刻。切莫看到自己含辛茹苦撫育的孩子被銬上手銬的剎那，腦海裡才出現很多疑惑，才在心裡不解自問：「我那純潔又善良的孩子怎麼了！？」到底，是成人建構的法律不夠貼近青少年次文化，還是，艱澀文字堆疊的六法全書，對懵懂青少年來說是遙不可及？殊不知，一旦踰越法律紅線鑄錯，恐將註定被同儕貼上有色的標籤！

常言道：「法治乃民主的磐石，教育則是國家百年大計。」那麼，到底要怎樣重現法治教育的面容？學科取向的教育論者，會把教者與學童，比喻成是雕塑家、陶泥之間的關係；學童中心取向則強調：孩子本身自主與多元智能；而名畫家畢卡索更說：「我花了一生的時間去學習如何像小孩子一樣作畫。」青少年需要學習、日漸茁長，可不要忘了，身為教師、父母家長更要不斷汲取新知，瞭解與陪伴妳的孩子一塊成長。

法律雖保護任何人，不過，以「對法律無知」做為辯解的傻瓜條款，不能當作卸免法律懲罰與應報的託辭。本書從民主法治教育視角，透過故事闡述的方式，嘗試將機械式法條主義，轉譯成父母及師長可以跟孩子一起共享的法治教育知識。法律不只是用來應報懲罰，但要轉化成具有教育效能，法治教育無法揠苗助長，必須扎根做起。我們堅信重視法治教育的父母、師長，定能靠著制定規範，對孩子平時的言行做正向引導，並藉由潛移默化當中將法治教育落實在生活裡，必然能達預防孩子誤觸法律之目的，同時養成光明正向又守禮法的下一代。

連世昌

前言

生活裡處處有「法」可循，父母該了解，更要讓孩子知法才能不觸法！

不知者無罪，這句話大家應該都不陌生，然而真的是這樣嗎？！

- ☑ 隨口罵別人「你是豬嗎？」可能被罰 1 萬。
- ☑ 臉書隨意按讚，可能被告。
- ☑ 做作業從網路上抓資料，可能誤觸著作權法。
- ☑ 校園霸凌頻繁發生，孩子只圍觀不動手，也可能被當成共犯。
- ☑ 網路隨意散布「要炸毀○○○」的訊息，可能觸法。
- ☑ 老師體罰過度，父母親可以提告？
- ☑ 注意！父母管教打孩子或禁足關起來，如若過當，法律也管家務事。

星二代一句「玩笑話」，在不同文化國度裡闖禍被捕！

前陣子有一則新聞鬧得沸沸揚揚，某知名藝人之子在美國留學，因一句「我要到學校濫射」，且住處遭搜出子彈、十字弓，還有上網查詢步槍紀錄，被控恐怖威脅罪，恐遭判刑。最新消息指出：美國聯邦檢方還指控涉及非移民簽證者持有彈藥的聯邦重罪。這確實點醒了我們知法懂法的重要性，光只有家長及老師擁有正確法治觀念是不夠的，孩子也必須具備法治觀念，方能自保。正當全美國已經為了校園槍擊案氾濫走上街頭的此時，對槍枝進校園是完全零容忍，這**可不是一句開玩笑、涉世未深、因為好玩或對法律無知，就可以輕言卸責**。所以，父母師長們該醒醒，擔負起監督教養的份內責任，以免憾事重演。

法律與我們的生活息息相關，尤其現代人動不動就要提告，我們無法時時刻刻陪伴在孩子身邊，因此，教育孩子正確的法治觀念，方能真正的保護孩子，以免他們因無知誤觸法律而留下污點或鑄成大錯。教孩子懂法，當遇到困境時應該怎樣透過法律尋求協助，同時保護自己與周遭的人，是現代家長一個重大的教養課題。

言語攻擊他人會觸法嗎？

孩子們總是習慣性地將「白痴」、「笨蛋」、「神經病」……當口頭禪掛在嘴邊，三不五時在與同儕相處或嘻鬧時，不經意或是刻意的脫口而出罵人。殊不知一個自以為是玩笑或好玩的言語，不小心很可能就會造成對方的心靈傷害，演變成騷擾或歧視，引來學校要見家長、孩子被責罰或嚴重吃上官司，這樣的案例，時有耳聞。

● **臺灣罵人價目表**（特殊案例，僅供參考）

案情	刑責	刑事罪名
罵「幹」	情緒口頭禪，無罪	
罵「有病去看醫生」	判罰金 2,000 元(新台幣)	公然侮辱罪
罵「畜生」	判拘役 3 天，得易科罰金 3000 元(新台幣)	公然侮辱罪
罵「笨蛋」	判罰金 3,000 元(新台幣)	公然侮辱罪
罵「哭爸」	判罰金 5,000 元(新台幣)	公然侮辱罪
罵「你是什麼東西」	判罰金 5,000 元(新台幣)	公然侮辱罪
罵「賤人」	判罰金 5,000 元(新台幣)	公然侮辱罪
罵「你是豬嗎」	判拘役 10 天，得易科罰金 10,000 元(新台幣)	公然侮辱罪
罵「死肥豬」	判罰金 20,000 元(新台幣)	公然侮辱罪
罵「腦殘」	判拘役 30 天	公然侮辱罪
罵「垃圾」	判拘役 30 天，得易科罰金 30,000 元(新台幣)	公然侮辱罪
罵「幹你娘」	判拘役 30 天，得易科罰金 30,000 元(新台幣)	公然侮辱罪

案情	刑責	刑事罪名
罵「廢物」	判拘役 20 天，得易科罰金 20,000 元 (新台幣)	公然侮辱罪
罵「下流」	判拘役 50 天，得易科罰金 50,000 元 (新台幣)	公然侮辱罪
罵「神經病」	判拘役 50 天，得易科罰金 50,000 元 (新台幣)	公然侮辱罪

以上這個所謂的「臺灣罵人價目表」，或許您在網路上也曾經見過。但真的有罵人價目表嗎？

我想資料整理者或許是從提醒的角度，回顧歷來相關罵人判賠案件，將它整理出來，僅供參考意味比較多吧。從法律審理角度，沒有真正所謂罵人價目表。

刑事部分，可分成「未指陳具體事實，隨意謾罵」的公然侮辱罪、「指摘或傳述具體或可得具體之事項」的誹謗罪兩種，須依犯情判斷構成哪個罪名。其次是，即便判處有罪科刑，法官會依被告犯後態度、品行、生活狀況等量刑；至於民事部分，也可分成：以金錢賠償給被害人人格、名譽、精神等精神損失慰撫金，及為被害人回復名譽的適當處分（例如登在 FB 粉絲團、刊登各大報紙某一版面道歉）。如果是判決民事賠償金額的多寡，也須視身分地位、加害情形、痛苦程度等決定損害賠償金額，也就是「視個案而定」。就算不同法官可能出現歧異判決金額，必待望、聞、問、切之後，才能判決賠償金額，絕不能「隔空抓藥」。

例如某個「特殊性關係」遭提告求償200萬元案子。一審求償敗訴，二審改判賠100萬元，更審改判賠50萬元……因為法律也只能微言大義規定：不法侵害他人之身體、健康、名譽、自由、信用、隱私、貞操，或不法侵害其他人格法益而情節重大者，被害人得請求損害賠償或慰撫金……至於針對某些妨害性自主、酒駕、竊盜、毒品等常見刑事案件，政府倒是有建置量刑資訊服務平臺(http://sen.judicial.gov.tw/)供民眾查詢參考。

目錄

Part 01

同儕間的法律界限

Part 03

校園內的法律界限

Part 04

親子間的法律界限

Part 05

校園外的法律界限

Part 1

同儕間的法律界限

◎小美——單純、沒心眼、貼心又富正義感的小學生。

◎媽媽——家庭主婦，生性緊張，事事擔心，總是不厭其煩的對小美耳提面目和機會教育，標準的「操心媽」。

看媽媽如何藉由生活裡發生的新聞以及小事件，讓小美充分了解在學校裡與同學之間相處該有的分際；面對同學的惡作劇、開玩笑的辱罵以及人身欺凌，該如何自保遠離傷害，同時也小心謹慎不傷人。

性別界限：拉（彈）肩帶的惡作劇

案例 1

男同學經過女生後面，稱讚女生的頭髮好香，女學生覺得被騷擾憤而提告。

案例 2

男生集體在班上自慰，女生還問要不要衛生紙。

案例 3

男生「玩」女同學內衣肩帶、故意掀裙子，美其名是玩，其實是捉弄，會造成女同學感覺不舒服。

新聞聊一聊

「小美，妳怎麼一副不開心的樣子，難不成今天在學校發生什麼不愉快的事情嗎？」媽媽一臉疑惑地問道。

「媽媽，今天在班上發生了一件讓我很不開心的事！」小美氣嘟嘟地說著。

「發生什麼事啦？要不要說給媽媽聽聽，至少講出來不要悶在心裡比較舒服。」媽媽試圖開導小美把心中的想法說出來。

「就我們班上啊有幾個男生真的好幼稚，」小美說：「總喜歡欺負我們女生還自以為好玩，好討厭哦！」

媽媽一聽，驚訝地說：「怎麼會呢？妳現在六年級，都是高年級生了，男生應該都會比較懂事了啊！」

「哪有啊！」小美忍不住翻了一個白眼。「就是有幾個男生嘴巴很壞又無聊啊！我的好朋友小玉，發育比較好，那些男同學都當面叫她大奶媽。」

「哇，怎麼這樣啊？那小玉一定很難過，」媽媽對小美說：「妳要好好安慰小玉叫她不要理那些男生的話，別在意。」

「今天更過分了！他們居然還為了好玩，故意去『玩』拉彈小玉的內衣肩帶的遊戲，小玉當場難過的掉眼淚。但那些男生並不以為意。」小美邊回憶學校發生的事邊說著，「那些男生還說不算性騷擾吧？就是好玩而已，最後竟然還笑成一堆。我氣不過，當場把那些男生罵了一頓。」

「那他們怎麼回應妳呢？」媽媽問道。

「他們回罵我啊！」小美氣憤的轉述著男同學說的話：「『臭三八，怎麼樣？關妳屁事啊！』我一氣之下就去報告老師了。」

媽媽一邊聽著女兒的話，一邊若有所思地看著她。

「媽媽，妳說，他們是不是太欺負人了，看小玉好欺負，就得寸進尺。」小美邊說，一副怒氣未消地問道。小美還進一步問說：「媽媽，難道為了『好玩』拉彈女同學肩帶，只是『遊戲』，不算『性騷擾』嗎？」

「小美，妳的想法跟疑問是正確的。」小美的媽媽回憶著，「媽媽以前念書的時候也曾經有被『拉肩帶』的經驗，印象中，無論我們女生作何反應，要哭、要生氣、要逃跑、或做不在意樣，都會引來男生集體嘲笑。我還記得那種很不舒服的感受，那是一種『我很不喜歡，但是我也不知道該怎麼辦……或者說很無奈的感覺。』」

「下次若再有這樣的情形發生，除了當下好言勸阻之外，就要盡快的把事情告訴老師，請老師處理，而不是跟他們互相對罵，如果當下有男同學是不理智的，你們一來一往的叫罵，反而又製造了另一場的衝突，不是嗎？」媽媽擔憂地提醒小美。

「好啦，我知道了！我只是心疼小玉總是被幼稚的男同學當成調侃對象，想要藉此展現男生間情誼的遊戲真幼稚！」小美語帶不甘地回應。

「我懂妳的想法。所以，妳也要告訴小玉，下次再遇到這樣愛惡作劇的同學時，一定要當下就制止對方，表達自己已經感受到不愉快、不舒服，若是勸阻無效，就要立刻向老師報告、處理，才不會再有下一次。」媽媽語重心長地說道。畢竟，小美是自己懷胎 10 個月生下來的心頭肉，深怕小美在學校裡有不愉快的經驗及感受，所以依然不厭其煩地耳提面命：「小美妳也是，若遇到同樣的情形或是有同學為了好玩做出幼稚、荒誕的行徑讓妳感到不舒服，就要即時向師長反應，不要沈默隱忍，務必懂得自我保護哦！」

連律師小學堂

Q1. 什麼是校園「性霸凌」、「性騷擾」、「性侵害」？男同學拉女生內衣肩帶，或是掀裙子……粗魯的動作，也算是性騷擾嗎？罵女生「大奶媽」、「女漢子」，説男生「你好娘」、「死玻璃」這類話，算不算性別歧視？

談到《性別平等教育法》前，先說一個<玫瑰少年>的故事：2000 年就讀於屏東縣高樹國中 3 年 2 班學生葉永鋕於 4 月 20 日早上，在下課前 5 分鐘提前離開教室去上廁所，後來被發現倒臥血泊中，送醫後仍不治過世（註 1）。當時根據葉永鋕的母親描述，葉永鋕自小「太女性化」，「很喜歡玩扮家家酒的遊戲，玩煮菜的玩具」。國中時也因為他的性別氣質而遭同學欺負，例如國 1 和國 2 曾被數位同學強行脫下褲子「驗明正身」（註 2）。由於他的意外過世被認為與其性別角色有關，因此事件對台灣的性別教育工作帶來深遠影響。葉永鋕的事件突顯出性別氣質不符社會期待的學生遭受同儕歧視與欺負的問題，讓當時正在研擬中的《兩性平等教育法》改為《性別平等教育法》，並增訂定相關條文：「任何人不因其生理性別、性傾向、性別特質或性別認同等不同，而受到差別之待遇。」同志教育是性別平等教育的一部分，教導學生尊重各種性別、性傾向與性別特質的人，不是獨尊某種性傾向（註 3），但是這個多元性別政策到底要在國中小學開始？贊成與反對的攻防一直持續著……

何謂「性霸凌」及「性侵害」：

《性別平等教育法》規定，校園「性侵害」指性侵害犯罪防治法所稱性侵害犯罪之行為。例如 2015 年 6 月，一起發生在輔仁大學心理學系的性侵酒醉女學生事件。「性霸凌」，則指透過語言、肢體或其他暴力，對於他人之性別特徵、性別特質、性傾向或性別認同進行貶抑、攻擊或威脅之行為且非屬性騷擾者。例如上述＜玫瑰少年＞葉永鋕同學的情形。

構成校園性騷擾的條件：

《性別平等教育法》把校園「性騷擾」的態樣定性為：符合下列情形之一，且未達性侵害之程度者（註 4）：

（一）以明示或暗示之方式，從事不受歡迎且具有性意味或性別歧視之言詞或行為，致影響他人之人格尊嚴、學習、或工作之機會或表現者。相當於學理上「敵意環境性騷擾」（hostile environment sexual harassment）。例如：老師上課講黃色笑話。

（二）以性或性別有關之行為，作為自己或他人獲得、喪失或減損其學習或工作有關權益之條件者。相當於學理上的「交換式性騷擾」（quid pro quo sexual harassment）。例如：利用職權以學業成績為要脅，要求提供性服務作為交換。

▍性騷擾的主要特徵及判定：

性騷擾主要特徵具有：「行為具有性本質」與「行為不受歡迎」。換句話說，如初於兩情相悅、妳情我願，不會構成所謂的性騷擾，所以說必定是被害人不喜歡、不受歡迎，才是性騷擾，而且是針對特定人，***以被害人的被侵犯感受出發，而非以行為人之侵犯意圖為準，應著重於聆聽被害人之主觀感受及所受影響***（註 5），又比如說正值青春期的男學生雖出於「好玩」去拉彈女同學的肩帶的遊戲，如若被拉肩帶的女學生感到一種「我很不喜歡」的情緒感受，那就會屬於性騷擾。至於行為人有無意圖，並非認定重心或條件，僅列為裁量懲處輕重時之考量因素。意即，性騷擾之認定，應就個案審酌事件發生之背景、工作環境、當事人之關係、行為人之言詞、行為及相對人之認知等具體事實為之（註 6）。

法律諺語有言：舉證之所在，敗訴之所在！性騷擾事件性質具有特殊性，大多發生於沒有第 3 者場域，取得性騷擾事件客觀證據尤其困難。再加上多數被害人未能利用受害後第一時間進行驗傷工作，或性騷擾未於身體上殘留傷痕，在缺乏客觀證據之下，當事人對於「有無性意涵」（或有無違反對方意願）關鍵爭點易流於各說各話。其次，校園性騷擾事件發生地常為研究室、休息室、宿舍、廁所、教室、加害人車中或家中、停車場、公車或校車上。多數加害人會選擇有主導權、被害人不易求救之場所，加害人可輕易滅證。相對於《性別工作平等法》第 31 條，就有特別訂定了舉證責任轉換的規範來改善此一現象（註 7），所以現階段＜性別平等教育委員會＞須於 2 個月內完成調查，並提出報告建議，實身負重責大任。

Q2. 校園裡從言語到行為如有牽涉校園「性霸凌」、「性騷擾」、「性侵害」，程序上如何申訴調查？

性別平等教育法的申訴調查程序：

1. 申請人或檢舉人方面，被害人，或其法定代理人（例如父母）可以申請調查，任何知悉情事的人也可以提出檢舉（註 8）。

2. 受理單位，基本上就是行為人（加害人）所屬的學校。例外的情況是學校之首長（校長）是加害人的時候，應向學校所屬主管機關申請調查。

3. 在調查程序部分，學校或主管機關接獲申請或檢舉之後，應於 3 日之內交由所設之＜性別平等教育委員會 > 調查處理。學校或主管機關於接獲調查申請或檢舉時，應於 20 日內以書面通知申請人或檢舉人是否受理。小組成員以 3 至 5 人為原則，應具性別平等意識，女性人數比例，應占成員總數 1/2 以上，必要時，部分小組成員得外聘。而法定的調查時限原則上僅 2 個月（最多延長至收案後 4 個月）容易造成較複雜之案件須匆忙結案的窘境。

調查期間，當事人及檢舉人之資料應保密：

加害人（行為人）可能在調查期間，私下向校內首長、各級會議之代表，或媒體記者「陳情」，使被害人身份曝光飽受異樣眼光及壓力，所以法律也明訂學校或主管機關調查處理校園性騷擾（或性侵害、性霸凌）事件時，當事人及檢舉人之姓名或其他足以辨識身分之資料，除有調查之必要或基於公共安全之考量者外，應予保密！

學校違反保密義務的話，最重可處新台幣 10 萬元罰鍰。

※註 1：這個事件的法律究責上，2000 年 6 月屏東地檢署以業務過失致死罪對高樹國中校長、總務主任和庶務組長等人提起公訴，但 3 人在隔年 1 月 19 日由屏東地院宣判無罪。2006 年 9 月間高雄高等法院審結上訴案，判決高樹國中校長、總務主任、庶務組長等行政主管有罪，分別處以 5 個月、4 個月與 3 個月有期徒刑。

※註 2：資料來源：維基百科網站（http://zh.wikipedia.org/wiki/ 最後瀏覽日 :2014/11/19）

※註 3：張娟芬，《姐妹戲牆》，時報出版，2011 年 6 月，頁 62。

※註 4：《性別平等教育法》第 2 條第 4 款規定。

※註 5：此外，應避免貿然以自己的經驗率斷不是性騷擾。例如曾有女性校長表示：「我不認為那是性騷擾，我們在外面，人家碰碰肩膀也沒怎樣。因為男師長得高大而通道狹窄，所以一定會以跨下擠過，我不認為那是性騷擾，他只是沒有說 excuse me, sorry 而已。」此即輕忽被害人感受，貿然以自己的經驗判斷。黃囇莉、畢恆達，「當西方菁英碰上本土原生：校園中性騷擾的定義與申訴案件處理之社會文化脈絡」，女學學誌：婦女與性別研究，第 13 期，第 115 頁，2002 年 5 月。

※註 6：《性別平等教育法施行細則》第 2 條第 2 項規定。

※註 7：《性別工作平等法》第 31 條規定：「受僱者或求職者於釋明差別待遇之事實後，雇主應就差別待遇之非性別、性傾向因素，或該受僱者或求職者所從事工作之特定性別因素，負舉證責任。」

※註 8：《性別平等教育法》第 28 條第 2 項規定：「校園性侵害、性騷擾或性霸凌事件之被害人或其法定代理人得以書面向行為人所屬學校申請調查。但學校之首長為加害人時，應向學校所屬主管機關申請調查。任何人知悉前二項之事件時，得依其規定程序向學校或主管機關檢舉之。」

「阿魯巴」再會啦：霸凌？新生欺負儀式？

下課的教室裡，只剩下幾個同學彼此輕聲細語交談著。小婕一個人孤零零地坐在位置上，神情落寞地低著頭，漫不經心翻閱著國語課本。她座位周遭的幾個是空位，因為一堆同學早已經聚集在校園另一端的走廊上，期待一齣生日慶生派對好戲上場。今天，是高二男學生阿強的生日，在生日派對上，一群同學把過生日的男主角抬起來，張開雙腿，抓去「幹條子」（或叫「釘條子」），還把這段過程拍成影片，PO 網上傳發表。幾個同學正在用形塑男性青少年情誼的方式，增進彼此之間感情，人們稱它做「阿魯巴」。

一個有好人緣的男孩拒絕「被阿」，或表達出不舒服的話，可能迎面而來的是「真掃興」、「阿一下會怎樣？沒 LP 嗎？」、「還以為你是男人」這些嘲諷，甚至因此失去同儕認同與原有的好人緣。

被阿魯巴的男孩，只當成受歡迎的、遇到善意互動遊戲的，有人解讀說這是友善的、算是成長的一個階段，不用大驚小怪。當然，也會有人質疑，「幹條子」帶著性暗示又有危險性，這樣能夠培養男孩得到身體自主權、學會尊重他人的身體界線嗎？有辦法改變讓男孩不用等著這樣「被阿」的方式來建構男性氣概、操演陽剛特質的陽剛男性文化改變嗎？其實，透過旁人適當的引導，可以讓男孩從其他管道建立自我認同與歸屬感，建立良好的社交關係。

故事聊一聊

「阿明、阿明、阿明……」下課時間，教室走廊上傳來一陣陣響徹雲霄的呼喊聲，那是一場專屬於台灣男人展現陽剛儀式的前奏曲，正在上映著。這一次的主角就是阿明，會被同學抓起來阿魯巴。

阿明就讀某某國中一年級，相較於一般的國中生體格來形容的話，阿明身形比較單薄瘦小，要知道，其實在男同學的眼裡，如果是身體練得強壯的同學，被逮住阿魯巴時，如若會做出有效的掙扎，增加被阿魯巴的難度，抵抗直到這群好玩的男同學宣告放棄，就可以逃脫「被阿」的命運，假設身形太瘦小，掙扎無效，也只能乖乖就範……。經過一個學期的相處下來，在班上人緣普通、功課跟體育能力表現都不突出的阿明心底清楚知道，這一次他躲不掉這群男同學所策劃的野蠻遊戲，雖然阿明他曾經看過其他被阿的男同學偶爾會意外地遭受輕微「傷害」。不過，阿明深深知道，一旦當他處於這個「被阿」的位置，被抓住到終於被阿的當下，使人感到太雀躍、太爽了。大夥間接認同我是這個群體的一份子。所以說，他只能在內心不斷地安慰告訴自己說：「被阿魯巴的時候，我不能尖叫、喊痛，我不能表現出脆弱。所以，我要表現出一副無所謂、很享受的樣子，最好還可以看似欲拒還迎……」因為，脆弱、喊痛，都是跟男子氣概完全背道而馳的事情。

雖然這些阿魯巴遊戲一直以來被視作男孩們的性遊戲，或者可以把它理解成台灣及東南亞青少年對於性的態度與男性校園文化，是建構一個男人之所以是男人的過程，其實大多數不會有男生會堅決拒絕這些阿魯巴遊戲，也不會有男生認真地將之視為「性騷擾」；不可否認，如果被阿的對象是跨性別女孩（生理是男性象徵，自我認同則是女性）或屬偏陰柔的男孩來說，則可能有性騷擾之疑慮。

從另外一個角度來觀察這些男性青少年文化現象，曾經在男學生間尋找男性情誼的流行遊戲「阿魯巴」，後來被意識到是校園霸凌（肢體霸凌、性別霸凌），2005年1月教育部因此發函給各高、中職，禁止學生在校園玩「阿魯巴」，近期則被認為可能是「性騷擾」！

假如在校園裡，有些危險性遊戲像是阿魯巴、「幹條子」或叫「釘條子」遊戲、「疊羅漢」，也要教導孩子對不合理的對待說「不」，練習拒絕使他感到不喜歡、不愉快的事！同樣的道理，也不可以好玩的心態拉女同學的內衣肩帶。

連律師小學堂

Q1. 只是找尋男性情誼、好朋友之間增進感情的阿魯巴遊戲，怎麼就被冠上「霸凌」、「欺負新生」，有那麼嚴重嗎？「玩鬧」、「惡作劇」、「霸凌」的界線該如何區分？

近年來，霸凌事件一直是校園熱門話題，但令人最困惑的是，某種程度上象徵著青少年校園文化之一的「阿魯巴」，它跟欺負新生儀式、校園霸凌之間的界線到底在哪裡？

阿魯巴現在或曾經是一種在東亞地區男性學生之間流行的男性青少年文化。如果從霸凌（Bullying）的角度來看，阿魯巴算是校園霸凌或性騷擾嗎？如若從台大教授畢恆達老師對「阿魯巴」的詮釋，及多數「被阿者」的經驗（對跨性別女孩或一些陰柔男孩來說也許就不是如此）來看，阿魯巴雖是重複施行的傳統、有納入群體的意涵，而是示好、是友誼，透過這個過程，「被阿」的人也有機會跟其他人建立情誼，在遊戲中受到培力。不同於霸凌理論及（性）騷擾。

霸凌是在權力不對等關係下，重複發生的意圖傷害行為，阿魯巴的參與者常是我群，或企圖納入我群。阿者與被阿者沒有明顯的權力不對等，角色可以即時互換（註1）。至於，新生欺負儀式，則指在違背當事人意願下以羞辱、處罰、置入險境方式進行一種儀式行為（如過度飲酒、吃奇怪東西、甚至輪暴女人）。從男性青少年校園文化來講，阿魯巴不同於，校園霸凌、新生欺負或性騷擾。不過，教育部認為「幹條子」帶著性暗示又有危險性的遊戲，而且被歸類為校園霸凌的一種，已發函給各高、中職，禁止學生在校園玩「阿魯巴」遊戲。

校園霸凌與同學同儕間玩鬧嬉戲的差異，有其模糊的灰色地帶，根據家扶基金會提出的「五不原則」（註2），或許能提供老師及父母們參考。

如有這五「不」狀況，可能就是疑似霸凌，要及時關心：

1.「不」能自由選擇：

若是孩子間的玩鬧，孩子可以自由選擇要不要參加；霸凌行為孩子是被迫參加，被霸凌者並非主動或自願參與。

2.「不」能改變角色：

若是孩子間的玩鬧，角色可能變換，被開玩笑者可能是群體中的每一個人；若屬霸凌行為，霸凌者與被霸凌者的角色固定。

3.「不」間斷的傷害行爲：

孩子間的玩鬧所造成的傷害可能是意外所致，意外受傷者並非特定對象；霸凌行為是有故意傷害意圖，會造成被霸凌者生理或心理上的受傷，是一種長期、反覆不斷的侵害，且通常被霸凌者是特定對象。

4. 團體活動「不」接納：

孩子間的開玩笑在嬉鬧結束後，被開玩笑的孩子還是會跟其他的孩子聚在一起玩；但若屬霸凌行為，被霸凌者難以融入霸凌者的團體中，難與霸凌者共同合作。

5. 互動關係「不」對等：

霸凌行為中孩子間的權力地位是不對等的，霸凌者通常是孩子群中的主要權力者，而被霸凌者則變成比較弱勢的角色。

Q2. 聽聞到學校的同學被霸凌，我該告訴老師或爸媽，還是要守口如瓶？

霸凌這個用語是來自於英文“bully”一字，校園霸凌的意思，除了指學生遭受其他學生言語、文字、圖畫、符號、肢體動作或其他等方式，除貶抑、排擠、欺負、騷擾或戲弄等行為之外，還有重要的一點是個人或集體持續性的行為。校園霸凌確實會嚴重傷害兒童心理，妨礙人格、身心發展，學校、導師或任課老師遇到校園霸凌事件，必須提高警覺觀察、初估及通報。當然，許多老師初衷是替學生設身處地著想，避免對學生產生標籤作用，但是警覺性及初步評估，用預防的教育手段及早介入，避免擴大傷及無辜是不可忽略的原則。

校方或學校老師處理校園霸凌之程序：

1. 依照《校園霸凌防制準則》第 20 條之規定，校園霸凌事件情節嚴重的話，學校應立即請求警政、社政機關（構）或檢察機關協助，並依少年事件處理法、兒童及少年福利與權益保障法、社會秩序維護法等相關規定處理。

2. 抑或，滿 12 歲（未滿 18 歲）少年的學校，也可以請求少年法院處理少年的虞犯行為，避免少年喪失及早矯治的機會。

3. 如若是 7 歲以上未滿 12 歲的兒童做出觸法行為的話，應以教育、社會福利或醫學的方式加以矯正或教育，所以 7 歲以上未滿 12 歲的兒童有觸犯刑罰法律之行為時，比如較為常見的是竊盜行為、性侵害案件，仍由少年法院適用少年保護事件之規定處理。至於，7 歲以下的兒童可能觸犯失火罪、殺人罪，而有構成刑罰法律行為時，司法機關並不介入，應由社會福利機構、教育機構或醫學機構介入處理。

若從法律的角度剖析設例案情所示之疑似霸凌事件的話，疑似施加霸凌的同學們在被害同學食用的便當裡丟垃圾（或者曾發生過在同學的便當盒裡放置攪爛布丁並吐痰）、言語挑釁（或對其他同學辱罵）的同學，恐怕會觸犯刑法公然侮辱罪，或恐嚇危害安全罪。

司法判決上，比較值得注意的是恐嚇、傷害他人的子女，導致被害人的父母家長為此精神痛苦不堪，被害人的父母親可不可以以被侵害情節重大為理由，請求賠償精神慰撫金？法院的看法認為加害人對於被害人（同學）恐嚇侵權行為、傷害侵權行為，係屬侵害（被害人）個人身體、健康法益，並非侵害父、母與子、女間之身分法益（註 3）。意思是說，父母不可以精神痛苦不堪請求精神慰撫金賠償，這種的保守看法，顯然沒有以同理心體恤被害者，罔顧修復性司法精神，亟待檢討改進。

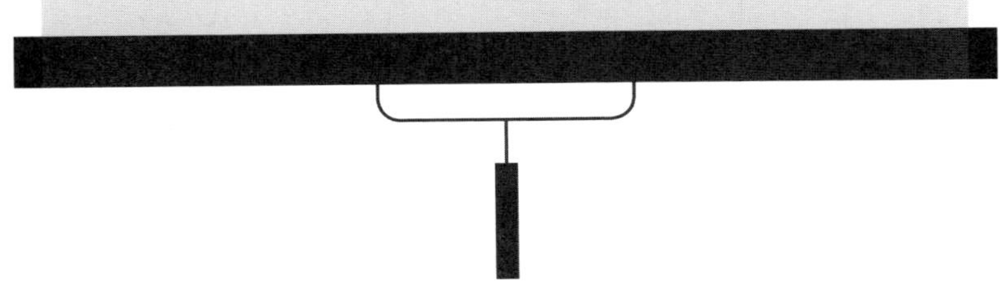

※註 1：畢恆達，教授為什麼沒告訴我，2010 年全見版，頁 63。

※註 2：家扶基金會，〈霸凌宣導 - 校園霸凌事件層出不窮：家扶基金會提出「五不原則」區分霸凌與玩鬧嬉戲的差異〉，載自：2010 年 12 月 23 日自由時報報導。

※註 3：最高法院 99 年度台上字第 1209 號判決。

校園夢魘：學姐好可怕！打人只是因為脾氣比較大

雲林縣某國中傳出霸凌事件，一名常被同學拿身材言語霸凌的女生，為了自保，跟同學謊稱自己混黑道，但適得其反，一名三年級學姐聽到後把她叫出來，問她是否真的混黑道，並嗆要「揩人」輸贏，女學生當場道歉並否認混黑道，但學姐不信，還打了她一巴掌，剛好有老師經過才阻止。

學校表示，打人的學生平時脾氣比較大，但還算正常，打人後自認是主持正義，一開始堅不道歉，經旁人勸說下才說了一句對不起；她的家長趕到現場後，因未看監視器畫面，未搞清楚狀況就責怪被打學生與家長，被打學生家長相當生氣，除將事發過程上傳爆料網站，並提出傷害、恐嚇告訴。

新聞聊一聊

「不叫學長沒問好，大學生被灌酒險死……」，天吶，這也太誇張了！媽媽一邊準備晚餐食材，一邊眼睛盯著電視新聞播報。更厲害的是，嘴巴還可以碎碎念……或許這就是身為家庭主婦一心多用的最佳體現吧。

媽媽，妳嘴裡在碎碎念些什麼？

媽媽看到一則新聞，說在花蓮一所大學體育系的學長姊，因為不滿大一學弟沒喊：「學長好！」，竟在半夜要求他們全班學弟妹淋雨罰站，甚至架住學弟，捏住他的嘴強灌洋酒三個小時，結果那個學弟回到宿舍後狂吐昏睡，差一點就死掉了。

好可怕哦！

其實，大部分的學校都不會有這樣可怕的學長姐制度，只有少部分學校的學長姐制度很嚴重，以為自己比別人高幾年級就擁有權力去做所謂「管教」或「教訓」別人的事，還自以為是合理的，像新聞裡這樣差點鬧出人命，就真的太過分了！

媽媽，這就是校園暴力，也就是霸凌，對嗎？

完全正確。我常聽到教育部在做的法治教育宣導內容就有提到，校園霸凌的特徵是在權力（社會位階、體力等等）不對等

關係下，重複發生的意圖傷害行為。而且，這種霸凌行為，會讓被欺凌的人產生精神上、生理上或財產上之損害，或影響正常學習活動之進行，確實對於被害學生身心發展有極大負面影響，相當不好，絕對要嚴格禁止。

那學校和老師為什麼不管呢？

這就是校園霸凌真正可怕的地方—教育官僚體制。這些所謂的「潛規則」跟教育體系官僚的作風長期存在於臺灣的校園裡，某些學校或師長在第一時間都知道，但往往高層都以「維護校譽」為由不讓當事者張揚出聲，有關的處置就大事化小、小事化無，這就是孔子所謂的「鄉愿」作法。非要等到被家長舉發、新聞媒體爆料，才找學生跟家長來鞠躬道歉補救，這樣的作法其實已經傷害很多人了。

那，我們該怎樣做？

我簡單跟妳說明霸凌的處置方式及技巧，以後遇到類似事件妳就不會慌亂。例如，我們聽聞了一名常被同學拿身材言語霸凌的女生，確實有疑似霸凌個案時，要先向導師或校方報告，導師應依權責輔導學生，評估偏差行為類別、屬性及嚴重程度，是否請求學校支援協助。疑似霸凌案件或是重大校安事件，均應送請學校防制校園霸凌因應小組等會商確認。如果經確認是霸凌事件，而造成傷害或是對方的父母一定要提告的話，日後就會產生法律追究責任的問題哦。

嗯嗯！年紀大的不是應該要照顧年紀小的弟弟妹妹們的嗎？像我有一次忘了帶雨傘，就是學校裡一位高年級的大姐姐好心地幫我撐傘，陪我一起過馬路的呢。

這樣才是正確的啊！欺負別人已經很不應該，若是仗著自己年紀徒長幾歲就理所當然的「仗勢欺人」就更不應該，確實要嚴懲才是！

連律師小學堂

Q1. 對於一時迷惘犯錯加入幫派組織的學生，除了將黑幫事件視為輔導管教重點外，學校、教師或同學應要如何通報或杜絕黑幫勢力？

▌學校先施以輔導管教，再評估是否移送少年法庭處理。

根據「輔導與管教學生辦法注意事項」之規定，如有管教無效或學生明顯不服管教，情況急迫，明顯妨害現場活動時，教師得要求學務處（訓導處）或輔導處（室）派員協助，將學生帶離現場。必要時，得強制帶離，並得尋求校外相關機構協助處理。例如兒少福利機構、少年輔導單位、警政及司法單位，或移送少年法庭處理。

12 歲以上，未滿 18 歲少年依《少年事件處理法》秉持宜教不宜罰。

少年的犯罪原因，與原生家庭、學校及社會密不可分，律法毋寧是最後手段。為了因應實際的少年犯罪事件，我國目前有頒制《少年事件處理法》，作為處理少年事件的主要準據，關於 12 歲以上，未滿 18 歲之人（少年），規範少年的觸犯刑罰法律行為（觸法行為）和有觸犯刑罰法律危險的行為（虞犯行為）。少年事件處理法，常被認為是一部「慈愛的法律」，因為這部法律秉持著宜教不宜罰之目的，矯正少年不良行為，期以保護處分等非刑罰手段收教化之效，遠程更可以達到防衛社會犯罪的目標。

按照《少年事件處理法》（註 1）規定而言，「少年之肄業學校」發現少年有法律所規定之事件，像是：經常與有犯罪習性之人交往（經常與有前科的人在一起）、 經常出入少年不當進入之場所（酒家、賭博性電玩）、經常逃學或逃家（經常中輟或經常深夜在外遊蕩、遊玩不回家的人）、參加不良組織（幫派、討債公司、賣春集團或詐騙集團）、無正當理由經常攜帶刀械、吸食或施打煙毒或麻醉藥品以外之迷幻物品（K 他命、強力膠），依其性格及環境，而有觸犯刑罰法律之虞（虞犯）者，亦「得」請求少年法院處理之。

學校雖對於「在學少年」有請求少年法庭處理少年虞犯事件，目的在於避免少年的監督權人怠於保護少年，實務上在學少年的學校或老師也會尊重少年有監督權人的意見，以及少年周遭之人或同學因此對他貼上標籤（labialization），日後產生刻板負面印象，基本上建議學校或老師在目前的輔導管教手段不能發揮功效時，再請求移送少年法庭處理比較妥適。但也應注意適度協助警調單位處理校園黑幫或可能伴隨的校園霸凌。

除了《少年事件處理法》這部慈愛的法律之外，像是少年諸些非法行事大多是屬少年虞犯行為，及「不良行為」（註2）（與有犯罪習性之人交往、逃家逃學、無正當理由攜帶有殺傷力器械、加暴行於人），並不是少年觸法行為（例如少年參加的組織是3人以上，以內部管理結構，以犯罪為宗旨的犯罪組織，就是觸法行為）。警察機關可以予以登記或勸導制止，另可以移送法辦。

何謂「虞犯」？

虞犯規定雖未實際成罪，但須已具有犯罪傾向、違法之可能，才叫做虞犯；例如須符合「經常」（註3）的要件，是指相距不久的相當其間內，有具體事實足認有二次以上相同虞犯行為。事實上，再仔細看看法條規定的事項，其實都是要保護青少年的，因為他們身心發展尚未成熟，常常很容易搞不清楚陷阱或為人所利用而違法，為了保護矯治特別預防有犯罪傾向少年，積極加以輔導，避免實際犯罪發生，所以，虞犯案件處理反而是一種保護措施，所以才說《少年事件處理法》是部慈愛的法律呢！

Q2. 學校及老師對於幫派組織或者伴隨而來的校園霸凌情形，應否通報教育局之義務？

根據法律之規定，醫事人員、社會工作人員、教育人員、保育人員、警察、司法人員、村（里）幹事及其他執行兒童及少年福利業務人員，於執行業務時知悉兒童及少年有法律所規定之情形之一，例如施用毒品、非法施用管制藥品或其他有害身心健康之物質、兒童及少年未受適當之養育或照顧，抑或者遭受其他傷害之情形，***應於24小時內向直轄市、縣（市）主管機關通報***（註4）。***違反通報義務之規定且無正當理由，最重處新臺幣3萬元以下罰鍰。***然則，案例題旨所示的情形，萬一有黑幫滲透校園、魚肉同學，更何況幫派黑幫侵入校園往往伴隨霸凌事件的話，有要求學校或老師應行通報的義務。

Q3. 如果遭毆打的女學生反擊，致使學姐受傷，是以「正對不正」或「互毆」，會遭受追究法律責任嗎？

為了避免他人現在之不法侵害行為，正當防衛可說是「權利的自力救濟」、以「正對不正」。例如為了避免皮包遭歹徒搶走，出手打擊搶匪，過程中如果造成歹徒受傷，是不會觸犯傷害罪的。

真有「危機」時，若出於「保護自己或他人」，可主張正當防衛，則不會觸犯傷害罪。

我國刑法第 23 條即為正當防衛之規定（註 5），但是正當防衛畢竟是考量到公權力的救濟緩不濟急，所以如要主張正當防衛，首先，須要有「現在不法的侵害」存在，也就是必須要有「危機」存在（如持刀情殺或捷運殺人）。其次，必須心裡想的是「保護自己或他人」，如果不是為了防衛自己或他人，而是為了要報復，或者故意設局讓對方先動手，再藉正當防衛的名義加以反擊等，都不是出於正當防衛的意思，都不能主張正當防衛。

如若出於彼此報復心態的互毆，雙方恐觸犯刑法普通傷害罪。

所以，案例中遭毆打的女學生如本於保護同學及自己免遭受持續傷害，而打傷施暴同學時，應出自於正當防衛。反之，假如遭毆打的女學生後來是和施暴同學你一拳我一腳、彼此「互毆」，甚至為了抒發長久以來對該位學姐的不滿怨忿，那麼，遭毆打的女學生顯然不是為了「防衛意思」，而是出自互相報復的心理事實，就不是正當防衛了（註6）。法律上，雙方均會構成刑法規定的普通傷害罪名。同時，伴隨而來的也會有民事侵權損害賠償的責任以及與有過失。

※註1：《少年事件處理法》第3條及第18條第2項之規定。

※註2：《少年不良行為及虞犯預防辦法》第3條。

※註3：例如：「經常」與有犯罪習性的人交往、「經常」出入少年不當進入的場所、「經常」逃家逃學（《少年事件處理法》第3條）。

※註4：《兒童及少年福利與權益保障法》第53條第1項及第100條之規定。

※註5：《刑法》第23條規定：「對於現在不法之侵害，而出於防衛自己或他人權利之行為，不罰。但防衛行為過當者，得減輕或免除其刑。」

※註6：最高法院30年上字第1040號判例。

04 助人為快樂之本：盡力而為？量力而為？

2000 年 9 月 13 日，當時一位就讀景文高中 2 年級的學生，因為先天性染色體異常，因此患有先天性成骨不全症（俗稱玻璃娃娃），以致行動不便，無法行走，除行進需要小心外，更要避免碰撞。

當天下午體育課，因為下雨，上課地點自操場改至地下室，而原本並不需要上體育課的玻璃娃娃同學在同班陳姓同學的詢問下，表示願意前往地下室，陳姓同學在徵得應允下抱他下樓，但因當時學校並未設置完備的無障礙設施，下雨造成樓梯地板溼滑，導致陳姓同學走路打滑，以致玻璃娃娃同學自樓梯上滑落，進而造成頭部鈍創、顱骨破裂及四肢多處骨折，並於當日晚間不治死亡。

事件發生後，玻璃娃娃家長向陳同學及學校求償，二審判決陳同學和學校須連帶賠償 330 萬餘元，引發社會對「好心是否也需量力而為」的爭論，更有許多玻璃娃娃以及身心障礙的學生遭學校拒收。

後經高院更一審時又有了 180 度大逆轉的判決，高院判定陳姓同學熱心助人，摔倒時仍緊抱同學不鬆手，認定其並無疏失，因此判決陳生毋須負起損害賠償責任。但認為學校方也有過失責任（未建立適當的無障礙環境），判決學校應賠償死者的父親 107 萬餘元，母親 64 萬餘元。

新聞聊一聊

一位裘馨氏肌肉失養症男童的命運

開著小吃店的阿雄爸爸，手邊正準備晚上要開店用的食材料理。桌邊的電話鈴聲突然響起，阿雄爸爸手擦拭乾淨之後接起了電話，按照制式的應答方式問道：「您好，請問有何貴事指教？」頓時之間，阿雄爸爸心急如焚，顧不得眼前的工作，剎那間，他的眼睛已經溢滿淚水……可是，他仍然必須打起精神驅車趕往附近的敏盛醫院處理最要緊的急事。

兒子小雄，從出生到這個世間開始就因為遺傳的關係，罹患肌肉萎縮症，肌肉萎縮是一種基因缺損的疾病，它的類型有很多種，如：裘馨型、貝克型、脊髓型等其他類型，小雄罹患的是最嚴重的一種裘馨型肌肉萎縮症，也就是說，小雄的肌肉細胞功能將逐漸喪失，走路時變得容易跌倒，常常跌得額頭及雙膝傷痕纍纍，無法正常地走路，上、下樓梯顯得吃力等，最後，大部分患童 15 至 20 歲之間往往因為控制呼吸的肌肉或心臟肌肉受波及，導致患童呼吸困難或心臟停止跳動而結束生命，小雄，正是那微乎其微的 10 萬分之 3 人當中的 1 個，小雄的親生母親或許因為自責、或許因為接受不了這樣的命運，她選擇逃避，她跟小雄的爸爸離婚之後，離開這個令人傷悲的環境，自此，杳無音訊。

阿雄爸爸回憶起小雄到了 3 至 5 歲左右，走路時怎麼變得容易跌倒，無法正常走路（有時候會用手撐扶著桌椅徐走），跑步時會搖搖晃晃，隨著年齡增加肌肉受損程度愈嚴重，上、下樓梯顯得吃力等，小雄的肢體無法活動自如，並且造成各關節攣縮變形，在民國 96 年時小雄 9 歲，就讀國小 3 年級，爸爸為他準備了輪椅代步（支架輔助），幫他找的小學是一間具有殘障設施、特殊教育的學校。

99 年 4 月 26 日下午，小雄就讀的學校教室顧慮到小雄是用輪椅代步，因此向來安排在一樓平面教室，然而 99 年 4 月 26 日當天下午，因英文課臨時更改到地下室上課，同學幫忙坐輪椅的男童推輪椅進教室，卻因教室門口有 2.5 公分高的門檻致輪椅卡住，導致小雄摔落地面受傷，你知道嗎？一個肌肉萎縮症男童摔傷是整個身體臉部直接重摔到地面，這跟一般健康的孩子可以稍作反射性動作用膝蓋先著地，緩和身體重摔狀況是完全不一樣的。2 年後男童因擴張性心肌病變等因素，於 101 年 4 月 14 日死亡。校方表示門檻僅 2.5 公分高，用來防止淹水，校園設施均符合建築法並經驗收合格，並無過失。

「哇！熱心助人的同學，不知道後來他有沒有被家屬究責？」我想，大家展讀至此，心中應該有些繼續想知道下文的悸動……

這位同學協助小雄推輪椅進教室，不慎被教室的門檻卡住跌倒，導致小雄雙腿骨折送進加護病房，後因心跳、血壓持續不穩，醫院發出病危通知。其實，小雄住院隔天，推輪椅的同學就由爸爸媽媽、老師陪同探病，不斷表達歉意。阿雄爸爸願意以寬容的心，原諒幫忙推輪椅的同學，但質疑校園無障礙空間與特教助理人員不足。

阿雄爸爸緩緩說道：「他是無心的，我跟兒子都不怪他，要他別再自責。」邊說眼眶已經漸漸又泛起熱淚，久久不能自己。

其實，熱心助人固然是美德，要盡力而為，更要量力而為！像那位幫忙小雄的同學，因好心協助卻導致小雄雙腿骨折送進加護病房，助人不成反造成其傷害，就真可惜了他們原本的善意。還好，阿雄爸爸這位家長不追究熱心助人的孩子，不然可能還會有更多麻煩呢！所以，藉由這件事也提醒我們，不是好心沒好報，而是有時在助人的同時，不能只憑一股腦的熱心，還要「量力而為」，這樣的幫助才真的有意義！

連律師小學堂

Q1. 熱心助人意外造成他人傷亡，熱心助人者會遭到法律究責嗎？

熱心相助卻成被告，以後誰敢見義勇為？

民國 94 年間曾發生一起頗富爭議的校園案件，熱心助人的陳同學抱同班的「玻璃娃娃」下樓，結果天雨路滑不小心摔跤，導致玻璃娃娃傷重不治死亡。

整起事件在台灣社會掀起激烈的論辯，因為平日照顧玻璃娃娃的孫同學生病，熱心的陳同學「自願」幫忙照顧玻璃娃娃，沒想到天雨路滑發生令人遺憾的意外。結果一審法院法官認為陳同學不用賠償，二審法院法官認為陳同學要賠償三百萬，更正一審又判陳同學與其母不用賠償，但學校因為沒有提供無障礙設施給肢體障礙的學生使用，所以要負賠償責任。

一審判決的結果顯示法官認定陳同學的行為出於熱心，並無任何故意、過失，而且玻璃娃娃意外致死，陳同學已飽受良心譴責，所以就「法」的觀點而言並沒有可予以非難之處。由於陳同學既不負侵權行為責任，因此其法定代理人（母親，父已歿）也不須依法規定連帶負損害賠償責任。

到二審時，整個逆轉大翻盤，法官判定陳同學要賠償三百多萬元給家屬，社會輿論一片嘩然。如此悖離常理的判決促使沈默的社會大眾紛紛發聲：「熱心相助卻成被告，以後誰敢見義勇為？」擔心以後再也沒人敢熱心幫助身心障礙者。

大家開始討論這個案件，每一個熱心助人者究竟應該量力而為？還是盡力而為？ TO BE OR NOT TO BE ？賠或不賠？這已然涉及到「法」與「道德」之間的界線。

最後，更（一）審判決出爐，陳同學及陳母獲判不用賠償，但學校因為沒有依法提供電梯等無障礙設施給肢障之學生使用，顯有違反保護他人之法律（《身心障礙者保護法》），所以要負賠償責任。為此學校（景文高中）認為該同學在申請入學時，僅告知是重度肢障並被他校拒絕，要求景文讓其入學。由於始終並未告知校方是「玻璃娃娃」，所以僅以一般肢體障礙學生方式提供照顧，因此校方不具備特別照顧義務，自然就不能苛責學校違背注意義務之過失責任。

Q2. 案例中這位熱心助人的學生之外，學生家長、校方有沒有法律責任？

現代民法採過失責任原則，主要考量理由有三：（註 1）

1. 道德觀念：

個人就自己行為造成損害，應負賠償責任，反之，如行為已經盡了所有注意之能事，但意外仍發生，道德上無可非難，應不負侵權責任。

2. 社會價值：

個人如已盡其注意之能事，便能免負侵權責任，這樣一來自由不受束縛，聰明才智才得以發揮。

3. 人的尊嚴：

過失責任肯定人的自由意志，承認個人抉擇與區別是非的能力。因此個人若基於自由意志決定從事某種行為，造成損害，其具有過失，法律予以制裁，使其負賠償責任，最足表現對個人尊嚴之尊重。換句話說，除了故意行為外，應注意能注意而不注意，行為人得預見其行為侵害結果而未避免。即屬有過失，法律上仍須要負起損害賠償責任。「過失」是不確定的法律概念，會因個案考量行為造成的危險或侵害的嚴重性、行為的效益及防範避免的負擔成本等因素加以判定（註 2）。

是否為「公有」公共設施，影響國家賠償之判定。

國家賠償的法制當中，比較值得探討的是什麼叫做「公有」公共設施？所謂「公有」，僅須該公共設施，事實上處於國家機關所『管理』的狀態之下便能成立，其所有權，並非以國家所有者為限。例如：既成巷道、或私人建物之騎樓，經公告供作為行人通道使用，騎樓雖屬私有公物，但仍屬法律所說的公共設施範圍。再者，公共設施之範圍，並不以專供一般人民所使用者為限，舉凡國家為「公之目的」所設置之物的設備，譬如行政機關自體使用之辦公廳舍、或公立學校校舍等均包括在內。此外，法律所規定的「設置」有欠缺者，則指公共設施建造之初，即存有包括設計等瑕疵而言。「管理」有欠缺者，則係指公共設施建造供使用後，未善為保護管理，或怠於修護，而致該物發生瑕疵者而言。常見的國賠案例如因為道路養護道路設置管理上有所欠缺，多處坑洞不平讓機車騎士遇障礙物而人車倒地，經送醫急救不治死亡。還有，某縣某國中男學生因頭髮不合規定，被老師罰交互蹲跳百餘下，導致罹患「橫紋肌溶解症」，家長請求國賠判賠 66 萬多元定讞。

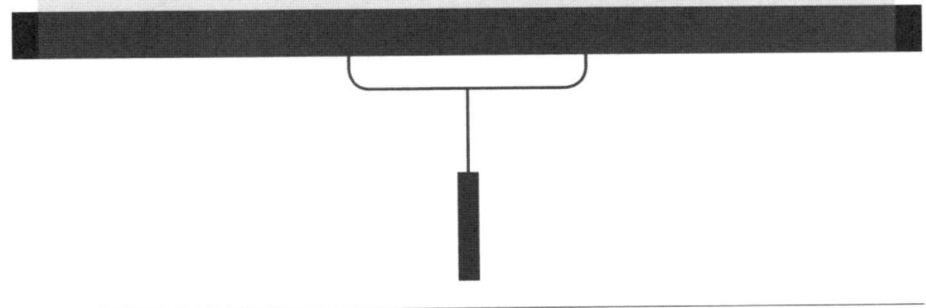

※註 1：王澤鑑，民法概要（三民出版），2013 年 8 月，頁 206 以下。

※註 2：民法第 184 條第 1 項前段：「因故意或過失，不法侵害他人之權利者，負損害賠償責任。」

追跑碰跳：玩鬧中潛藏的危機

案例 1

一林姓女學生在學校上體育課時，聽從老師的指示，坐在球場等候進行籃球分組測驗。但同班另一徐姓女同學卻未遵守規定，擅自拿起排球與其他同學玩，還不慎重擊拍球打中林女的後頸部頸椎關節，造成林女腦震盪、頸椎嚴重扭曲等重傷害，休學養病。林女家屬認為當天的體育老師在徐姓同學等人玩排球時沒有加以制止，有管理上的疏失，提出告訴。

案例 2

新北市一所國小簡姓學生在上輔導課，被同班的張姓同學丟擲的鉛筆刺傷右眼，致右眼角膜破裂。事發後，兩名學生和受傷的簡姓學生曾向老師報告，但喬姓老師並未理會，並命簡姓學童不要哭，沒有採取必要的處理措施，及時將受傷的學童送醫。

新聞聊一聊

通常小孩子在學校受傷，有些覺得只是皮肉傷，回家後不會主動告訴父母親，尤其是男孩子更是覺得沒有什麼大不了；小女生，通常比較會把學校發生的情形告訴媽媽。

放學後天邊還帶著一抹夕陽，不同於往常活蹦亂跳，今天，小美走路一拐一拐地回家門口，一臉的哀怨。

媽媽，我今天在學校跌倒，膝蓋破皮流血，好痛哦！

哇，怎麼這麼不小心！有去保健室嗎？

有啊，同學趕快扶我去保健室，消毒包紮。

妳是不是走路又用跑的呀？都叫妳要好好走路了。

不是啦！是幾個同學下課在玩，他們追來追去的，結果在樓梯上撞到我，所以我才跌倒撞到了。

什麼？在樓梯上？那你確定只有膝蓋受傷？沒有撞到其他地方？頭呢？手呢？有沒有頭暈的感覺？

媽媽，妳不要緊張，其他地方都沒有受傷啦！因為我是才剛要上樓就被他們撞倒，所以，只有撞到膝蓋而已。

校園雖說是單純，可是這當中到處隱藏危險！小美妳知道嗎，今天剛好播報一則校園新聞：一位國小老師盡責阻止學生上課

衝出教室，自己反遭衝撞從二樓樓梯摔到一、二樓間的樓梯平台，摔癱昏迷。我真不敢想像，若是妳一個不小心被撞倒，從樓梯上滾下來的話，後果真是不堪設想！班級導師知道這件事嗎？

嗯！有同學馬上就去報告老師了，老師有去保健室關心我，同時也教訓了那幾個追來追去的同學。其實老師之前就有一直跟我們說，千萬不能在走廊上奔跑或是玩追人的遊戲，很容易發生撞到別人或跌倒的危險事件，要玩只能去操場玩，結果今天又發生了我受傷這件事，老師很生氣，就處罰他們今天的下課都不能再出去玩。

老師說的完全正確！那群同學真的是太不聽話了，今天還好妳只是小傷，若是真的像那位盡責的老師被衝撞跌下樓梯⋯⋯哇，我想都不敢想！

媽媽，沒事啦！妳看，我不是都好好的嗎？保健室老師都有幫我檢查過了，真的只有膝蓋破皮而已啦，而且，那些同學也都跟我道歉了也被處罰了，我相信經過這一次，他們一定再也不敢在走廊或樓梯上玩追來追去的奔跑遊戲了。

希望他們真的得到教訓了！當然，妳也要藉此警惕自己要聽話，不要總跑跑跳跳的，若是一個不小心，是妳撞到別人，看要怎麼賠人家！

我知道了，媽媽！

今天，若身體有其他地方不舒服或頭暈、頭痛，一定要馬上告訴媽媽哦！

Q1. 學生上課傳接球、玩耍造成同學受傷，學生有無過失責任？

校園雖然是個單純的學習環境，但也是處處隱藏著風險。學生上課傳接球、玩耍造成其他同學受傷，只是其中一種可能有的態樣。

擁有「被害者的允諾」，不等於擁有免死金牌。

允諾（承諾）阻卻違法，使個人可以自由決定如何處理其身體或財產等權益，是各國共認的基本原則，個人主義之精神表現。但是不能違反法律的規定，像是禁止傷害、自殺的囑託，或得承諾而傷（殺）害。承諾也不可以違反公序良俗，例如相約拳鬥並以折斷四肢作為條件而為允諾，或者骨牌遊戲而賭取股肉，都是違背公序良俗，不生阻卻違法效力（仍屬違法）（註 1）。假如雙方人馬在網路上嗆聲叫囂相約出面廝殺決鬥，若造成他人死傷，不能說是得「被害者的允諾」或「自甘冒險」，均是違法的。

運動競賽或遊戲時，若雙方均無違法行為，即使因他人而受傷，提告亦不成立。

曾經發生過中小學生摔角遊戲的案例，兩位 11 歲的小學生一起玩摔角遊戲，其中一名抱起對方的腳，對方以右手勾住這名學生脖子，同時仆地，結果對方被壓著，導致大腿受傷，這名小學生後來被告醫治腿傷醫療費、補充營養費及精神損害（註2）。關鍵問題在於玩摔角遊戲受傷是不是具有違法性？摔角遊戲既然是當時候中小學生課外活動，不是違法的，應認為參加運動或遊戲的學生，默示在不違反運動或遊戲規則下，願意承受通常因此所生的損害，而參加運動競賽的阻卻違法前提必須是以遵守運動規則為條件（註3）。如果足球員聽從教練授意：給我幹掉對手的四分衛！真的做出惡質擒抱使其受傷的犯規行為，則屬違法！

運動競賽所侵害的被害者，除了參加運動的人，還有觀眾或第三人。

棒球運動是最典型的例子。在新北市曾發生一名綽號「娃娃」的女老師，2011年間參加慢壘友誼賽，結果被壘球強襲臉部，不但牙齒被打斷，頭部也有腦震盪，她怒告傳球的中外野手以及負責接球的二壘手、游擊手過失傷害，但士林地檢署認定她沒有戴頭盔，且比賽本來就有危險性，因此將3名男球員不起訴處分。

Q2. 科任、班級導師有沒有監督疏失？

中小學學校及老師為了完成教育託付，對於學生除了輔導、管教與懲戒權外，同時依據《教師法》也有積極維護學生受教之權益及保護管教的義務。舉例來說，甲生就讀某國小一年級，因上課時間已到，負責該班課後輔導老師乙還沒進教室時，甲遭同學丙丟擲鉛筆刺傷甲的右眼、造成右眼角膜破裂，當下疼痛異常。隨即由同學向老師乙報告。但是，乙不但沒有送甲就醫、通知學校或家長，對甲的之傷勢置之不理，直到下午放學回家後，才由甲的母親送醫治療，嗣經醫院診斷為「右眼角膜破裂併發創傷性白內障」，右眼裸視僅0.2，矯正後視力為0.4，且日後有失明之虞。

法院認為，教師乙沒有立即送甲就醫導致損害擴大，屬於過失不法侵害甲之權利，而且教師乙的過失與學生甲的傷害結果兩者間有相當因果關係。換句話說，同學丙丟擲鉛筆刺傷甲右眼的行為、教師乙未立即送甲就醫導致傷害擴大，都是導致甲受傷的共同原因，具行為關連共同，所以教師乙也應與同學丙共負連帶賠償責任。

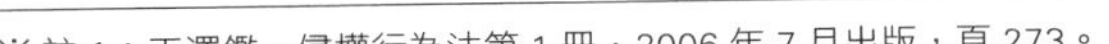

※註 1：王澤鑑，侵權行為法第 1 冊，2006 年 7 月出版，頁 273。

※註 2：最高法院 52 年台上字第 2771 判決理由謂：「按摔角係以摔倒對方與否為決定勝負之運動方法，國校學生例多於課餘之際作此遊戲。上訴人左大腿受傷，既係因其邀同被上訴人摔角跌倒後所致，殊難謂該被上訴人在當時有致上訴人受如此傷害之意識，亦即無識別能力之可言。核與民法第一八七條第一項前段：「限制行為能力人不法侵害他人之權利者，以行為時有識別能力為限，與其法定代理人連帶負損害賠償責任」之規定，已難使該被上訴人就上訴人因傷所受之損害負賠償責任。該被上訴人與上訴人摔角之處所，既在學校教室內，且被上訴人應上訴人之邀而為此摔角遊戲，又非法令所不許…」轉引自：王澤鑑，前揭書，頁 277。

※註 3：王澤鑑，＜摔角遊戲之違法性＞，民法學說與判例研究第 1 冊，頁 351；王澤鑑，前揭書，頁 277。

人際關係：互嗆，到底是衝突還是霸凌？

台北市某國中蔣姓家長因女兒遭同班許姓同學霸凌，因此花百萬元登報控訴。其指稱許生說她女兒是討厭鬼、穢語辱罵、拒絕發給她補充教材，甚至將她女兒考卷丟在地上踩，並叫其他同學踢考卷給女兒等等惡行。蔣姓家長曾向學校反映，並與許姓家長溝通後仍未獲得解決，質疑該校長期包庇、刻意護短。對此，許生也立即在臉書上 PO 文嗆三字經，強調蔣生「自己不檢討來檢討別人」，表示蔣生同樣地也有言語上的反擊。

後經北市教育局介入調查後，昨宣布此案確認「非校園霸凌事件」，而是學生間人際衝突時處理技巧不佳。蔣姓家長說對結果很失望，不排除透過司法途徑解決，對許姓男學生提告。

新聞聊一聊

小美，我剛剛去安慰隔壁的王媽媽，她好生氣啊！

發生什麼事？

前陣子，王媽媽看小明都無精打采的，而且常常都鬧不想上學，於是她一直追問小明到底發生什麼事，小明才願意說，原來班上一直有一個男同學欺負他，不僅常常笑他又矮又胖之外，有時候經過他身邊時，還會故意說「好臭哦～怎麼有豬的味道……」；或是，叫發作業的同學故意把小明的作業丟在地上，要他自己去撿。

好壞呀！怎麼這樣欺負人。

是呀，王媽媽聽了好心疼！於是去學校跟老師反應這些事，希望老師能注意，並想告誡那位同學，不要再犯，不然就要通知他父母親來學校了。

但這兩天，小明又說，那位同學還是會動不動就罵他，他真的不想去上學。於是王媽媽又去學校說，小明遭到霸凌，不想來上課，也請對方的家長來學校處理。結果罵小明的那個同學說，他才沒有欺負小明，是小明先笑他考試不及格，是一個「笨蛋」，小明卻說他只是開玩笑……，結果，學校就說雙方都有言語上一來一往的挑釁，應該只是一般小孩子之間的衝突，並不是什麼霸凌事件，告誡雙方後，就不了了之了。王媽媽聽了之後非常生氣，無法接受這個結果，她擔心小明未來在班上仍然會遭受那同學的欺凌，卻又不知道該怎麼辦？

媽媽，那到底小明這樣算不算被霸凌呢？

口舌之爭、吵架甚至是比較嚴重的衝突和霸凌確實是不一樣的，不能所有的吵架衝突都能當霸凌處理，要看個案經過情況而判定。先做第一步判斷是雙方的權力（社會階級、體力）是否平衡？觀察重點在於兩方是否為勢均力敵的態勢，也就是說雙方能隨時調換角色、你來我往，即使有一方吵輸或打輸，若權力沒有相差太多，那麼就不是霸凌。再來是，如若重複行為不斷發生且沒被遏止，就會在受害者心中產生恐懼與壓力，並可能因此受到威脅和控制。只要有其中一個徵兆，那麼就應當謹慎朝霸凌事件觀察。

也對，大人都會吵架、鬥嘴，更何況是小孩！

所以，我也只能先勸王媽媽冷靜下來，先約束小明不要再跟對方有任何接觸或衝突，到底是「吵架」衝突或是霸凌，必須觀察發生的頻率次數，若只是偶爾發生，不必反應過度，隔兩天孩子又和好如初。但若三天兩頭頻繁發生，加上角色無法對調，或是一方喊停卻置之不理，那麼就構成霸凌的條件。冷靜觀察這段時間，「回應方式」非常重要，即使對方先出言挑釁，小明也不要不甘示弱的回嘴，而是要請老師處理；若是情況不見改善，和老師或學校反映疑似有霸凌情境，提供事實並確認處理態度！畢竟，唯有管好自己不去侵犯別人、正確回應言語挑釁，才能保護自己，免招致更大的危險與後果。

連律師小學堂

Q1. 何謂校園暴力或霸凌？

依照校園暴力或霸凌手段方式不同，可分為：肢體霸凌、言語霸凌、關係霸凌、反擊型霸凌、性霸凌，及網路霸凌等 6 種態樣（註6）。

常見的情況同時涉及刑事或少年保護事件罪名。例如加害學生要求被害學生幫他洗衣服、按摩或提東西，如有不從就施加毆打，恐會觸犯刑法傷害罪、強制罪。又如，男學生在體育館內多次性侵女學妹，或有意無意間觸及女學生下體部位，也會涉犯刑法強制性交罪、性騷擾防治法的強制觸摸罪。

Q2. 政府憑什麼要求人民不可以說出不中聽的話？常發生在孩子人際關係之間的衝突，例如吵架互嗆、罵別人是「笨蛋」、「神經病」。有些情況還用「三字經」、「國罵」，請問這樣算是習慣用來發洩情緒的口頭禪，犯法了嗎？

隨著智慧型手機普及、科技網路發達，從早期網路聊天室、MSN 到 Face Book（FB）、LINE 嚴然成為時下流行的即時通訊和社交工具，幾乎成為許多人每日必需的網路溝通平台，假如使用即時通訊工具，例如在 Line 匿稱後的個人訊息分享，或 FB 塗鴨牆上抒發觀感、分享個人心情或留言時，用字遣詞一定要注意。

▌針對三字經、「他媽的」、是否足以構成公然侮辱罪，法院判決見解不一：

像「幹X娘」、「他X的」等，都是台灣社會長久存在的俚俗言詞，代表另種深層文化；無論男性或女性如同反射動作般的使用「他X的」或「幹X娘」字眼，並不必然反應其主觀意欲，更難謂必有侮辱的犯意，這可說是，說話者習慣用來發洩情緒的口頭禪或發語詞。

反之，另種看法認為若涉及謾罵或人身攻擊，會使特定多數人共見共聞，並足以使當事者感到難堪、不快，足以減損當事者的聲譽與人格，所以留言謾罵的行為，例如有罵『O你娘』（連續罵）、不要臉、三字經（O你娘）及妓女等語，恐會造成公然侮辱或誹謗罪。

再舉例來說，近年來由於公民意識崛起、社會運動增加，某位政治人物臉書批評太陽花學運引起網友不滿，其中有1名11歲的小學生也留言謾罵「渾蛋」、「人渣」等侮辱性字眼。又或者是留言指稱某某人是「謊話連篇的主耶穌信徒」，副標題還有「跟他在一起的全是王八蛋」等內容。像是這些行為足以使被謾罵的當事者感到難堪、不快，足以減損當事者的聲譽與人格，該些行為恐觸犯公然侮辱罪。

Q3. 不是偶發性的衝突言語辱罵，反而已經是慣性用言語、肢體甚至集體對某位同學言語凌辱、冷嘲熱諷，應該怎樣處理？

學校或老師為了保障學生的身體自主權、人格發展及學習權，以及確保教育的核心價值，老師本身或經通報發現學生偏差行為時，絕不能隱匿或縱容。必須維護學生不受任何體罰及霸凌行為，而造成身心之侵害（註2）。首先，導師、任課老師或學校其他人員經過初步評估之意見，如認為有疑似校園霸凌事件，可以進一步參考教育部制頒的《校園霸凌防制準則》〈校園霸凌事件處理流程〉，由防制校園霸凌因應小組評估確認是否為校園霸凌，或重大校安事件（註3）。

其次，學校完成調查後，如經確認是校園霸凌事件的話，則應立即啟動「霸凌輔導機制」（召開輔導會議），並持續輔導行為人改善。由於發生不幸的霸凌事件，不只是法治問題，更要緊的是攸關兒少人格不成熟與教育的問題，所以輔導機制（會議），應就當事人及其他關係人，訂定輔導計畫，明列懲處建議或必要處置、輔導內容、分工、期程，完備輔導紀錄，並定期評估是否改善（註4）。當事人經定期評估未獲改善者，得於徵求法定代理人同意後，轉介專業諮商、醫療機構實施矯正、治療及輔導，或商請社政機關（構）輔導安置（註5）。

對於校園霸凌事件，除了以預防的教育手段及早介入之外，避免擴大傷及無辜，此時即需要引進司法的處遇協助。依照《校園霸凌防制準則》，校園霸凌事件情節嚴重的話，學校應立即請求警政、社政機關（構）或檢察機關協助，並依少年事件處理法、兒童及少年福利與權益保障法、社會秩序維護法等相關規定處理（註6）。

Q4. 少年犯罪會採取何種方式制裁及輔導？

少年的犯罪原因，與原生家庭、學校及社會密不可分，律法其實是最後手段。為了因應實際的少年犯罪事件，我國目前有制頒《少年事件處理法》，作為處理少年事件的主要準據，關於12歲以上，未滿18歲之人（少年），規範少年的觸犯刑罰法律行為（觸法行為）和有觸犯刑罰法律危險的行為（虞犯行為）。少年事件處理法，常被認為是一部「慈愛的法律」，因為這部法律目的是要保護少年，矯正少年不良行為，希望以保護處分等懲罰達到教化的效果，遠程更可以達到防衛社會犯罪的目標。

一、少年保護事件：

對於犯罪的少年，基本上是採取「少年保護優先主義」（註7），意思是盡量以裁定宣示保護處分處遇少年，譬如以訓誡、假日生活輔導、保護管束或安置適當教養機構輔導，或令入感化教育處所，接受感化教育。但是，對於少年刑事案件，經審查少年犯罪情節重大，應受刑事處分的話，就要移送檢察署對其追訴犯罪，防止姑息助長少年犯罪。

二、少年刑事案件：（註8）

第一種類型是按照前述的少年觸法行為，如若年滿14歲（未滿18歲），觸犯「重罪」情形時，由少年法院移送於有管轄權之法院檢察署檢察官，依照刑事訴訟法科處刑罰的案件。常見的此類犯罪態樣例如：殺人罪、傷害致死、加重強制性交罪、加重強盜罪。

其次是，少年犯罪行為後，因為經警察機關查獲時間比較晚，或少年移送法院後多次不到庭，經同行或協尋後才到案。比如少年車禍的過失傷害事件，由於經過的和解時間比較費時，對方提告的時候，少年已經年滿20歲，就要移送檢察署檢察官偵辦。不適用少年事件處理程序。

最後，還有一種情形是依調查之結果，認定犯罪情節重大，且參酌人格發展成熟度，少年法院認為以受刑事處分為適當的話，就要移送檢察署偵辦。像是，少年有多次「非行」記錄，甚至經過感化教育的執行仍再有觸法行為時，少年法院就會考慮用這種情形移送檢察官偵辦。

※註 1：資料來源：瀏覽自金融監督管理委員會校園風險主題網 http://srm.ib.gov.tw/files/15-1002-748,c125-1.php（最後瀏覽日：2014/09/21）

※註 2：《教育基本法》第 1 條、第 8 條第 1 項規定。

※註 3：有關於校園霸凌之處理程序，根據《校園霸凌防制準則》第 10 條規定，學校應組成防制校園霸凌因應小組，以校長為召集人，其成員應包括導師代表、學務人員、輔導人員、家長代表、學者專家，負責處理校園霸凌事件之防制、調查、確認、輔導及其他相關事項。例如，教育部已開始培訓校園性侵害性騷擾或性霸凌事件調查處理專業素養人才，建立調查人才庫。經教育部（或地方）調查人才庫註記者，列為各學校或機關優先遴選之調查專業人才。

※註 4：《校園霸凌防制準則》第 19 條第 2 項之規定。

※註 5：《校園霸凌防制準則》第 19 條第 3 項之規定。

※註 6：《校園霸凌防制準則》第 20 條之規定。

※註 7：參照〈少年法庭處理少年事件流程圖〉；鄭正中，少年事件處理法，書泉出版，2014 年，頁 9-13。

※註 8：《少年事件處理法》第 27 條規定：「少年法院依調查之結果，認少年觸犯刑罰法律，且有左列情形之一者，應以裁定移送於有管轄權之法院檢察署檢察官：

一、犯最輕本刑為五年以上有期徒刑之罪者。

二、事件繫屬後已滿二十歲者。

除前項情形外，少年法院依調查之結果，認犯罪情節重大，參酌其品行、性格、經歷等情狀，以受刑事處分為適當者，得以裁定移送於有管轄權之法院檢察署檢察官。

前二項情形，於少年犯罪時未滿十四歲者，不適用之。」

07 選邊效應：旁觀者，責無旁貸嗎？

案例 1

網路流傳一部男同學爆打女同學的影片。影片裡只見一名女同學坐在教室角落，雙手護著頭趴在桌上，身旁一群男同學有些拿書本狂打她的頭，有的用手打她巴掌，有的甚至拿腳踹那女同學頭部，似是把「霸凌」當作玩樂，更有人吶喊說「要的就是這種效果」，過程中女同學僅能不斷任其歐打，無力反抗。

案例 2

新北市某私立中學兩學生鬥毆、台中市某國中男學生狂踹同學書包，過程都被旁觀同學邊鼓譟邊錄影後上傳網路。

新聞聊一聊

小美，妳拿平板在看什麼？

媽媽，妳看！這影片好可怕哦！影片裡，三個女生一直打這一個女生耶，抓她頭髮、打她巴掌、最後還叫兩個人抓住這個被打的女生，飛踢她……她臉上都流血了，還沒人救她，好可憐哦！

怎麼會有這種影片？

是同學傳給我看的。

這種影片不要看，關起來！

為什麼？我們同學都在看啊！

就是因為大家都瘋傳，才會讓這樣的影片不斷。沒人傳，沒人看，就不會有人故意拍或 PO 上網了。

媽媽，打人影片可以這樣傳嗎？他們都不怕學校或警察看到，然後被抓起來哦？

當然不可以啊！這樣打人是犯法的，若是出事了，還可能要吃官司的呢！

那為什麼她們都不怕？影片裡還聽到旁邊的人在笑耶；還有人說，打用力一點……真可怕！她們為什麼要打那個女生呢？

也不知道現在的某些青少年怎麼想的？都以為拍這樣的影片然後上傳到網路上，能夠引起瘋傳或在社群網路被狂按「讚」是一件很酷的事，所以拍影片的人在事發當下，就只顧著攝影，卻不出面排解紛爭，任由別人被打或欺凌，再以上傳為樂，真是一件非常糟糕的惡行。如果真的因此出事的話，不光是打人的那三個人，連同其他在旁邊叫囂鼓噪、取笑，或是拍攝影片的人，都可能有相關的責任。

那明明知道這樣是不對的，她們為什麼還要這樣啊？

有可能是青少年自以為義氣，或是為了要得到朋友間的認同感，於是選邊站，也不管對不對，便一起幫著出頭，但其實這樣根本不是義氣，是愚笨！但也因為很多人會瘋傳這些影片，所以讓拍攝的人以為這樣很風光，才會不斷地有類似的影片傳出來。小美，下次不要再看或傳這樣的影片了，不然說不定也無意中可能變成幫兇了，知道嗎？唉！現在的青少年真不知道在想什麼？

連律師小學堂

Q1. 案例中，除了動手打人的之外，在一旁袖手旁觀、叫囂鼓動的人需要究責嗎？

2000年屏東縣某葉姓國中生於學校廁所倒臥血泊中死亡，可能與在校園中受到性別特質歧視及長期欺凌，校方漠視不管的文化有關之外，報章雜誌也報導過另一件台灣某特教學校疑似發生特教生遭到集體性侵性騷擾事件，且疑似被校方隱匿多年，受害的學生男女都有，年紀最小的僅有8歲，事發地點從教室、廁所到校車，學生向老師報告後，校方卻試圖隱匿，其中一位被集體性侵的少女，第一次受害時才10歲，經提告後校方未處罰加害的學生，反而要受害的少女轉學。此其中可能涉及師長姑息及校方隱匿的情事（註1）。

▌從究責的角度而言，單純的在場旁觀、看熱鬧的不相干民眾，法律上並沒有課予他們任何照顧管教義務，所以這些人是不會遭受到法律究責的。

常看到路旁人群為了好奇，在場圍觀飆車，若有妨害警察取締飆車之行為之執行，依《刑法》第135條、第136條及第140條之（聚眾）妨害公務，或侮辱公務員罪，對在場圍觀並妨害警察取締飆車之行為之執行者，最重可處3年有期徒刑。

再例如，正牌男友找上門，男小三爬窗摔死，女朋友事後並沒有在第一時間打電話報案將這一名男小三送醫急救，女（男）朋友在法律上既然沒有救助義務，男友爬窗摔死，女朋友沒有在第一時間打電話報案送醫，不致於構成遺棄致死罪嫌。反之，法律對於父母親、監護人、學校老師或親權人就有課予法定保護教養責任，舉例來講，爸爸因為不滿四歲的女兒老是尿褲子、哭鬧就動手施虐，媽媽也負有保護跟教養的義務，她在旁邊目睹施暴過程，能夠防止卻不去防阻而冷手旁觀，屬於虐童的「不作為犯」，等同於共犯。

此外，父母（法定代理人）對於未成年子女有監督管教責任，因此假使未成年人侵害他人的身體、健康等權益的時候，法定代理人應與未成年子女同負連帶賠償責任。

比較值得探究的是，學校或教師，除了有法定立即「通報」義務之外，於法律上須不須要負起民事賠償責任？曾經發生過一起意外事件，1 名 7 歲學生持著鉛筆刺向其他同學的眼睛，學校老師沒有立即送受傷的學生就醫，經醫院診斷為「右眼角膜破裂併發創傷性白內障」，右眼裸視僅 0.2，矯正後視力為 0.4，且日後恐有失明之虞，而須持續追蹤檢查治療，司法判決輔導管教具有過失，應與 7 歲學生成立共同侵權行為（註 2）。

Q2. Q2. 打人又強拍人裸照還上網散佈，觸犯了哪些罪名？

一、打人的行為，可能成立《刑法》普通傷害罪。

因為 3 名疑似偏差行為學生動手打傷了被害女學生，不法侵害了他人的身體及健康權益，已經觸犯了《刑法》的普通傷害罪，最重可判處 3 年徒刑。假設，被害女學生因此被毆打成重傷，例如眼睛失明，那麼，這名學生還會成立重傷罪，最重可處 10 年徒刑；又或者，萬一如果因被毆打致死，將可能面對無期徒刑。

二、脫光強拍裸照的行為，除了是典型的校園霸凌的類型之外，同時構成《刑法》剝奪他人行動自由罪、強制猥褻罪，及強制罪。

假設例中的 3 名疑似偏差行為學生對被害學生所做的暴力行為，像是：強押到體育館後面並出手抓她的頭撞牆；甚至堵在廁所，動手扒她衣服還強拍裸照。這些行為恐已觸犯剝奪他人行動自由罪，或強制罪，及強制猥褻罪刑。

三、拍裸照還要求露出姓名，強迫擺違反個人意願之姿勢，還在網路上 PO 圖貼文，警告恐嚇被害者不可聲張更不能去報告老師，諸此這些偏差行徑，不只是校園霸凌，也觸犯《刑法》恐嚇危害安全罪。

儘管被害者守口如瓶，但是紙包不住火，鴨蛋再密也有縫，只要老師不是來混的或怕事掩飾強壓下來，一定會發現 3 名疑似偏差行為學生幹得好事。反觀 3 位疑似偏差行為學生，無論被害者有沒有告狀，只要東窗事發一定會把帳算到她頭上。所以被害者與其信守這不必要的約定，應該早早跟師長、家長商量對策申請學校介入調查、實施心理輔導，而不是傻傻等到傷害造成再來追究，恐怕為時已晚。

※註 1：資料來源：2011 年 9 月 21 日聯合晚報報導。

※註 2：高等法院 88 年台上字第 267 號判決摘要，轉引自：王澤鑑，侵權行為法第 1 冊，2006 年 7 月，頁 93-94。此外，民國 103 年 11 月甫通過的《學生輔導法》第 7 條也明訂學校校長、教師及專業輔導人員，均負學生輔導之責任。

小鬼難纏：不給錢，就麻煩

開學一段時間，小雯便常在上學前跟爸媽開口要錢：「我要兩百元交班費。」「我要三百元買美勞課的材料。」因為時間匆忙，爸媽就順手把錢給小雯，沒有再多問。

這種要錢的情況持續了一段時間，爸媽開始感到懷疑，於是打電話詢問老師，才發現根本沒有收班費、美勞材料費的事。當天回家後，小雯眼看無法再隱瞞，只好據實以告。原來班上有個吳姓男同學，常仗著身材高大，逼迫其他學生每天湊兩百元給他當零用錢，若是有人不從，還會被拖到廁所毆打，並且警告：「敢說出去的話，一輩子就讓你拿枴杖走路。」小雯因為害怕被毆打，只好找各種理由向爸媽要錢，提供吳姓男同學花用。事發後，吳姓男同學竟聲稱那不是勒索，只是「借」，又沒有說不還；而警告別人的話也只都是說一說，開開玩笑罷了。

新聞聊一聊

媽媽，明天妳要給我 300 元帶去學校，我要繳班費。

好！咦？班費不是在一開學的時候就繳過了嗎？

沒有啊，開學的時候沒有繳啊，都是現在才繳的，媽媽妳記錯了。

是嗎？我怎麼記得好像給過妳了啊？

真的沒有！媽媽，妳不相信我？

不是的，小美，媽媽不是誤會妳！可能是我記錯了。但是，我問清楚也是因為關心妳！前兩天我才聽隔壁小智媽媽說，她們家小智讀的那所國中發生同學勒索的事件，鬧得好大，都上新聞了！

勒索！什麼是勒索？

就是用強迫的方式跟同學要錢啊！小智他們學校有一個國三的男學生，仗著自己人高馬大，不僅跟班上的同學要錢花，還會跟學弟妹們要錢，誰不給就揍誰；而且還威脅要是誰敢去跟老師說，被他知道就慘了，嚇得大家都不敢說。一直到有一個同學的媽媽發現孩子怎麼常常在要錢繳費，才被問出來，一狀告到學校，才發現原來已經有這麼多人受害了。

怎麼這麼可怕啊？跟別人要錢已經很不對了，還揍人。

是啊，小智媽媽看到新聞急忙問小智，有沒有被這位學長勒索過？還好沒有。小智媽媽才鬆了一口氣。所以，我會這麼仔細小心問妳錢的事情。也是怕妳在學校是不是也被欺負了，但回來不敢跟媽媽說。

沒有啦，媽媽，我從來沒聽過我們學校有發生這樣的事，妳不要擔心。不過，媽媽，如果真的被勒索了，我又不想把錢給他，我該怎麼辦呢？

小美，若真是遇到這樣惡劣的同學，有錢就立刻給他，然後趕快逃開，千萬不要白白挨揍；但要馬上反映讓老師知道，請老師處理；若是害怕不敢跟老師講，回到家也一定要告訴爸爸媽媽，我們才能想辦法保護妳也解決這件事，才不會讓更多的同學繼續受害，知道嗎？

我懂了，媽媽！但 300 元真的是要繳班費的哦。

好，我知道！

連律師小學堂

Q1. 校園裡頭發生號稱加入幫派的學生偶借勢跟弱小同學「借錢周轉」，校方老師該怎樣處理？

近年來幫派勢力逐漸滲入青春校園的情形屢見不鮮。校園針對校園發生有學生疑似加入幫派集團，在校園借勢橫行霸道（霸凌）、甚至拉攏其他同學加入集團，衍生許多校園犯罪，不可輕忽，更不可以姑息。

▌學校「得」先施以輔導管教，再評估是否移送少年法庭處理，但應密切聯繫檢調單位介入協助，打斷黑幫勢力在校園滋長並消滅霸凌危害。

根據「輔導與管教學生辦法注意事項」之規定，如有管教無效或學生明顯不服管教，情況急迫，明顯妨害現場活動時，教師得要求學務處（訓導處）或輔導處（室）派員協助，將學生帶離現場。必要時，得強制帶離，並得尋求校外相關機構協助處理。例如兒少福利機構、少年輔導單位、警政及司法單位，或移送少年法庭處理。

為了因應少年犯罪事件問題，目前有頒制《少年事件處理法》，作為處理少年事件的主要準據，關於 12 歲以上，未滿 18 歲之人（少年），規範少年的觸犯刑罰法律行為（觸法行為）和有觸犯刑罰法律危險的行為（虞犯行為）。少年事件處理法，常被認為是一部「慈愛的法律」，因為這部法律秉持著宜教不宜罰之目的，矯正少年不良行為，期以保護處分等非刑罰手段收教化之效，遠程更可以達到防衛社會犯罪的目標。

按照《少年事件處理法》（註 1）規定，「少年之肄業學校」發現少年有法律所規定之事件，像是：經常與有犯罪習性之人交往（經常與有前科的人在一起）、 經常出入少年不當進入之場所（酒家、賭博性電玩）、經常逃學或逃家（經常中輟或經常深夜在外遊蕩、遊玩不回家的人）、參加不良組織（幫派、討債公司、賣春集團或詐騙集團）、無正當理由經常攜帶刀械、吸食或施打煙毒或麻醉藥品以外之迷幻物品（K 他命、強力膠），依其性格及環境，而有觸犯刑罰法律之虞（虞犯）者，亦「得」請求少年法院處理之。

學校雖對於「在學少年」有請求少年法庭處理少年虞犯事件，目的在於避免少年的監督權人怠於保護少年，實務上在學少年的學校或老師也會尊重少年有監督權人的意見，以及少年周遭之人或同學因此對他貼上標籤（labialization），日後產生刻板負面印象，所以，建議學校或老師在目前的輔導管教手段不能發揮功效時，再請求移送少年法庭處理比較妥適。但也應注意適度協助警調單位處理校園黑幫或可能伴隨的校園霸凌。

什麼是虞犯行為？

虞犯規定雖未實際成罪，但須已具有犯罪傾向、違法之可能，才叫做虞犯；例如須符合「經常」（註2）的要件，是指相距不久的相當其間內，有具體事實足認有二次以上相同虞犯行為。事實上，各位同學再仔細看看法條規定的事項，其實都是要保護青少年的，因為你們身心發展尚未成熟，常常很容易搞不清楚陷阱或為人所利用而違法，為了保護矯治特別預防有犯罪傾向少年，積極加以輔導，避免實際犯罪發生，所以，虞犯案件處理反而是一種保護措施。

校園許多借勢生端等等諸多非行大多是屬少年虞犯行為，及「不良行為」（註3）（與有犯罪習性之人交往、逃家逃學、無正當理由攜帶有殺傷力器械、加暴行於人），並不是少年觸法行為（例如少年參加的組織是3人以上，以內部管理結構，以犯罪為宗旨的犯罪組織，就是觸法行為）。警察機關可以予以登記或勸導制止，另可以移送法辦。

Q2. 學校及老師對於幫派組織或者伴隨而來的校園霸凌情形，應否通報教育局之義務？

應於 24 小時內通報，違者處以新臺幣 3 萬元以下罰鍰。

根據法律之規定，醫事人員、社會工作人員、教育人員、保育人員、警察、司法人員、村（里）幹事及其他執行兒童及少年福利業務人員，於執行業務時知悉兒童及少年有法律所規定之情形之一，例如施用毒品、非法施用管制藥品或其他有害身心健康之物質、兒童及少年未受適當之養育或照顧，抑或者遭受其他傷害之情形，應於 24 小時內向直轄市、縣（市）主管機關通報（註 4）。違反通報義務之規定且無正當理由，最重處新臺幣 3 萬元以下罰鍰。然則，案例題旨所示的情形，萬一有黑幫滲透校園、魚肉同學，更何況幫派黑幫侵入校園往往伴隨霸凌事件的話，有課予要求學校或老師應行通報的義務。

※註 1：《少年事件處理法》第 3 條及第 18 條第 2 項之規定。

※註 2：例如：「經常」與有犯罪習性的人交往、「經常」出入少年不當進入的場所、「經常」逃家逃學（《少年事件處理法》第 3 條）。

※註 3：《少年不良行為及虞犯預防辦法》第 3 條。

※註 4：《兒童及少年福利與權益保障法》第 53 條第 1 項及第 100 條之規定。

09 教室偷竊：內神通外鬼，防不勝防

坐在小強隔壁的國中同學嘉凱家境富裕，時常帶著最新的3C產品到學校炫耀。有一天，嘉凱又帶著最新的遊戲機到學校來，小強就告知有偷竊習慣的隔壁班同學明誠，教唆明誠趁體育課全班同學都不在教室的時候，到教室偷嘉凱的遊戲機。明誠得手後以5000元轉賣給其他同學，再跟小強一同花用。

新聞聊一聊

偷竊，是小孩子犯罪發生率較高、最為常見的一種犯罪（錯）類型，從孩童的心理視角來說，有很多原因，例如羨慕其他同學有新玩具自己很想要，也就是佛家說的：「人生七種苦當中的『求不得』苦」，於是趁人不注意順手牽羊。也有些孩子偷竊是為了引起父母親的關心注意，或是暑假太無聊偷機車逛夜市。

媽媽，今天我們班上發生一件好懸疑的事哦！

你們班上會有什麼懸疑的事？

今天早上有一個同學帶了一隻好漂亮的新手錶來，她說是她爸爸在國外買回來的禮物，我們看了都好羨慕哦！結果我們上完體育課回來，就聽到她大叫「我的新手錶不見了！」我們馬上幫她到處找，但怎麼都找不到。

你們沒有報告老師嗎？

有啊，老師還問她，會不會上體育課時脫下來放在哪裡，忘了拿回來？可是，同學說，她就是怕上體育課不小心弄壞手錶，才會把手錶放在教室沒有帶去，但一回來就發現手錶不見了。她還一口咬定，一定是有人偷走的，也許是最後離開教室的同學偷的。老師問是誰最後離開教室？值日生就舉手，但她說她沒有看到那隻手錶，更沒有拿，怎麼可以隨便誣賴她偷東西，說著說著就急哭了。

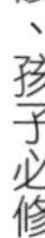

那值日生說的沒錯！沒有證據的事，怎麼可以隨便就說別人是小偷呢。若是大人的話，可能就會被告毀謗了呢！那老師怎麼處理？

老師就安慰那位值日生啊，然後要全班再檢查一下自己的身邊物品，看看有沒有可能是不小心拿錯了別人的東西。結果都沒有耶，老師沒辦法，只好請大家都回到自己的位子上，她自己一個一個檢查大家的書包。

結果呢？

還是找不到！手錶真的不見了。妳說，是不是很懸疑？老師只好言相勸地跟每位同學說：「正所謂知錯能改，善莫大焉！若真的有人『不小心誤拿』同學的手錶，在今天放學前，記得自己放到她的辦公桌上，不然，日後若查出來是誰拿的手錶，就要被貼上小偷的標籤了。」

嗯～你們老師算是佛心來的，是想給犯錯的同學一個自新的機會，不想要讓他日後被貼上「標籤」。

雖然我知道掉東西一定很難過，但誰叫她愛炫耀，說不定是她自己不小心忘記放在哪裡了呢！

這也是提醒妳啊，財不露白；還有，自己的財物要自己看管好，沒有確切證據前也不要隨便誣賴別人，不然很可能會造成別人心裡一輩子的傷害呢。

嗯嗯！以後如果買了新玩具，我還是不要隨便帶去學校好了。

連律師小學堂

Q1. 新聞範例中的小強、明誠二人各構成什麼罪名？

二人可能成立竊盜罪的共犯。

所謂刑法上的「竊盜罪」，意思是指沒有經過所有權人（持有人）的同意而轉移了物品東西的占有，例如在文具店順手牽羊。很明顯的設例中的二人都可能涉及竊盜罪的共犯。竊盜罪是青少年犯罪類型中發生率較高的犯罪型態，因為犯罪簡單，只要起心動念後再加上動手，就容易觸犯。商店、賣場、公車上順手牽羊，偷同學、親友金錢物品，多人結夥一起偷竊，有人下手、有人把風，得手後再瓜分。還發生過年僅 10 歲女童連續偷竊鄰居財物（iPad）。暑假太無聊，於是偷機車逛夜市。在成年人的世界看來，匪夷所思，但是事發後面對父母長輩的責難，這些學童常有說不出的苦，其實你不懂我的心？！

少年正值個人價值定位、摸索準備邁入成年階段，渴望同儕團體、重視他人的認同感，會出現反抗成人之現象，希望能獨立自主，期使自己能順利進入成人世界。在認同感及歸屬感－被接受的需求心理下，常常會逾越大人世界的規範。

建議孩童出現竊盜徵兆導正方法：

1. 發現孩子持有或使用非家長提供的物品，應立即追問該物品來源。

2. 懷疑孩子行竊，要立即曉以大義、分析對錯。

3. 證實孩子行竊，應嚴正告知錯誤，但勿過分打罵苛責，以免孩子日後犯錯說謊掩蓋。

4. 發現孩子行竊後，要立即教導正確觀念，避免養成竊盜習慣。

5. 父母要加強家庭功能，建立孩子正確道德觀；

6. 學校則應對孩子進行輔導、人格再教育。

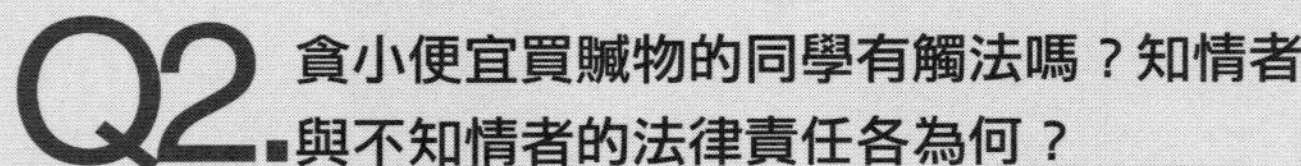

Q2. 貪小便宜買贓物的同學有觸法嗎？知情者與不知情者的法律責任各為何？

法律規定，收受、搬運、寄藏、故買贓物或媒介，最重可處 5 年以下有期徒刑！

舉例而言，某日凌晨 2 點，許姓被害人在台北市區 228 公園靠近懷寧街出入口的行人步道散步，突遭一群青少年包圍，帶頭的 17 歲國中肄業少年率先舉腳將被害人踹倒，另一名 14 歲國中少年持安全帽與傘砸被害人，其他少年在旁吆喝。 這兩名青少年學生將被害人毆打成傷，強搶現金 600 多元及手機等財物，可能涉犯強盜罪。案發時雖在旁觀看，事後卻收受搶來贓物現金的第 3 名國中生，則觸犯贓物罪嫌。

未成年者依年齡之差異，刑罰也有所不同。

只是說，法律審酌畢竟是年少輕狂，「少年戒之在鬥」，所以特別針對，未滿 14 歲人之行為，是不罰的；而 14 歲以上未滿 18 歲人之行為，可以給予減輕其刑度的機會。如果給這些非行少年一個改過自新，緩刑的機會，同時會對於一些非行少年施以，例如保護管束、感化教育，或勞動服務的處分。這也是責任的一環。法律的初衷無非是，與其施以刑罰，不如用保安處分的措施來讓非行少年重新改過，儘快適應社會團體！

不知者無罪？

值得探討的是知情與不知情。坊間許多人常用自己不知情，喊冤就可以卸責嗎？俗話說：「說得輕巧」罷了。念法律的好處之一就是養成獨立判斷是非的能力。多年前，藝人納豆主持某對名人婚禮時，遺失價值 2 萬 6900 元的 iPhone 4 手機，被在場賓客撿走，並以 9000 元轉賣給通訊行業者，在場賓客坦承犯行並遭侵占遺失物罪判罰金 1 萬 2000 元；通訊行業者很可能觸犯收受贓物，因為身為通訊行業者畢竟都會事先做功課，了解市場行情，要說便宜收購又不會起疑查證，實在說不過去。反例，如果是在通訊行特約服務中心續約購買 iPhone 4S。因在門市申辦時拿到的手機是全新剛拆封，手機序號也與包裝外註明一致，要說不知道自己買到贓貨，比較能夠服人吧。

無毒校園：毒品防治，要從學生做起

苗栗通霄警分局行掃蕩校園販毒案，破獲 17 歲陳姓少年在校內當藥頭，販賣 K 他命給 19 名同學、學弟妹，警方傳訊發現，年紀最小的張姓國二男學生年僅 14 歲，從小學六年級就開始接觸毒品，阿嬤被通知到警局時，老淚縱橫說：「真的不會管啦！也管不聽！」許多父母接獲通知時也都不敢相信自己孩子染毒。

主嫌陳姓少年進入高中後染上毒癮，當起藥頭，利用在校期間，誘惑學弟妹吸食 K 他命，由於陳姓少年平時在網咖打工，認識許多他校學生，販毒也都刻意選在網咖內交易。全案 19 名青少年，依少年事件處理法將染毒學生全都移送少年法庭審理。

新聞聊一聊

媽媽，我回來囉！

（一臉狐疑）妳在吃什麼？

放學的時候，同學送給我的糖果啊！媽，妳看，這糖果五顏六色的，真漂亮，也好好吃哦。

唉呀，小美妳以後還是少吃來路不明或包裝花俏的糖果。校園藥物濫用，其中很多學生都是被引誘或誤食。

為什麼？

教育部近來製作『糖衣陷阱懶人包』，教導如何辨識偽裝成糖果、餅乾的毒品，希望能降低毒品危害。之前，有警察抓到一堆人在家裡開毒趴，裡面就有六個是未成年的青少年耶，太可怕了！父母親在接到警局通知時，都異口同聲說絕不相信自己的孩子學壞吸毒呢！根據統計，光是這 10 年來青少年涉毒的人數就成長了好幾倍，就是因為毒販把這些毒品摻入果凍、飲料、糖果裡面，讓學生在不知情的情況下喝了或吃了這些毒品，進而染上毒癮，無法自拔，然後再用毒品控制他們，有些學生甚至還賣毒品呢！

蝦米？！美味的糖果、果凍、巧克力、跳跳糖，居然有可能是披著美味包裝的毒品？！我們才國小生耶，怎麼會有毒品在校園！

我也是看了那個『糖衣陷阱懶人包』才知道，毒品不斷推陳出新，包裝也是花樣百出，教育部整理大致可分成4種：第一種是將市售產品如咖啡包、糖果袋重新包裝，如果從同學手中拿到有拆封痕跡的產品，就要特別小心。第二種是直接發明山寨品牌，通常會用深受年輕人歡迎的卡通圖案，或是有趣的文案等吸引目光。這類即便包裝完整，也盡量不要碰。第三種是以花樣炫麗、特殊造型吸引年輕人食用，之前新聞報導的毒小熊軟糖就是一個例子。第四種則是混淆成零散包裝的糖果，引誘青少年誤食。

太可怕了吧！

是不是？尤其K他命因為漂亮的外觀讓人毫無警覺性，等到發作產生危險的時候，大都已經來不及了。新聞還說，有一個女生因為K他命的後遺症，膀胱萎縮，容量變小導致尿尿沒有辦法控制，年紀輕輕就得包尿布了呢。

那為什麼他們還要吸毒呢？

因為在一開始不小心食用之下「沒有罪惡感」，事後卻感到莫名的興奮，感到開心，熬夜讀書也不會累，殊不知一旦毒癮成性後，身心都很痛苦，要戒還很不容易，必須要靠一再的吸食才能緩解痛苦的症狀，所以才會有人為了要買毒品去做壞事，就是一個惡性循環。

唉喲，毒品真的太害人了！

小美，妳不要嫌媽媽囉唆，只是想提醒妳：「害人之心不可有，防人之心還是不可無。」這類偽裝毒品防不勝防，小美妳務必隨時保持警覺，不要隨便接受陌生人提供的零食、飲料，即便自己買的食物，一旦離開視線也不要再食用。小心一點比較保險。

媽媽，我知道了，以後不會再這麼貪吃了。

連律師小學堂

Q1. 刻意引誘別人吸毒（利用糖果或飲料），有沒有觸犯法律？

若遭查獲將依《毒品危害防制條例》規定移送偵辦，刑責不輕！

毒品犯罪是再犯率最高的犯罪類型。青少年販毒、吸毒，向來是少年犯罪主要類型。近年來學生檢出施用毒品人數逐年增加，其中施用第 3 級毒品（K 他命）人數呈倍數增加，通報件數從 2004 年 39 件增至 2011 年 1548 件（註 1）。販毒學生不少家境不錯，甚至還有家長開安親班，但真正的問題根源是親子關係不佳，父母親忙著工作、做生意，與孩子疏離，孩子在外誤交吸毒損友，像少年得志、不可一世的年輕演藝人員吸食毒品（如大麻、安非他命、搖頭丸、快樂丸）遭警方當場逮獲的案例就極具代表性（註 2）。最初，朋友之間免費受贈、合資購買食用毒品，等到染上毒癮後，缺錢花用想賺外快，鋌而走險，自己乾脆兼著販毒，「既可隨時拉 K，又不用跟家裡伸手要錢」，校園毒販就是這樣子冒出來的。最後，由販毒集團吸收成員擴展販毒網絡吸納學生，日後遭查獲將依《毒品危害防制條例》之規定移送偵辦，刑責不輕，實得不償失！

人如若提供場所跟K他命（第3級毒品）（註3），給跟他一樣未成年的朋友拉K，可能構成無償轉讓毒品罪：

（一）單純施用（吸食）或持有毒品：

因為同伙的朋友有人嗑藥吸毒，禁不起同儕的慫恿與壓力，所以就和大家一起吸毒嗑藥；pub、舞廳、KTV等場所，集體嗑藥助興，不嗑就high不起來等情形。此外，女性吸毒少女常有施用禁藥來減肥瘦身，或陪男朋友一起吸毒嗑藥以示忠誠的情況。

（二）無償轉讓毒品：

因為朋友手邊沒有存貨所以免費提供K他命（第3級毒品）（無償轉讓）給朋友，而沒有從中賺取差價、低價買入高價賣出獲利的話，仍會構成轉讓毒品罪。

（三）意圖販賣或販賣毒品：

毒品一旦成癮，難再脫離，為應付吸毒嗑藥龐大費用，鋌而走險代為運送毒品或兼差當小盤來獲取金錢，就像是毒蟲變小盤，製造、運輸或販賣毒品罪加十等，最高可處死刑，付出的代價亟大，不可不慎。例如曾經發生過17歲少年因為車禍在家療養，心想幫單親媽媽分擔車禍和解金，體恤單親母親的辛勞，竟上網販毒賺外快、貼補家用，以1包300元轉賣購入的K他命（第三級毒品）謀利，最後卻換來被判1年1月刑期，緩刑並加保護管束、義務勞務20小時。另一個案例是有8名17到19歲的青少年，因陳姓大哥販賣K他命，他們幫忙送貨、收錢，每次可獲50到200元賞金，結果恐觸犯販賣毒品罪。由於販賣第3級毒品是5年以上徒刑的重罪，即使未成年，也將依照「成年人」的偵審程序，由少年法庭調查後，移檢察官起訴、判刑確定後，照樣得進監獄，如果犯罪情節較輕微（如只送1次貨），可能裁定保護管束或感化教育。

Q2. 在學校的職責上，可能有老師發現某些學生上課經常精神不濟，疑似吸毒，學校可否強制要求學生驗尿？有沒有違反人權的疑慮。

沒有施用成癮性藥物（毒品）的合理懷疑，任意將學生列為驗尿的對象，恐侵犯學生基本人權。

舉例來講，毒品K他命屬中樞神經抑制劑，成癮性雖不比海洛因高。若長期使用會產生耐受性及心理依賴性，造成強迫性使用且不易戒除。K他命對健康所造成的危害，除了導致慢性間質性膀胱炎，產生頻尿、小便疼痛、血尿，嚴重者還會出現尿量減少、水腫等腎功能不全的症狀。目前治療方式是用止痛藥、抗組織胺等藥物進行症狀治療，嚴重時甚至需進行膀胱重建手術，但術後有時還得忍受導尿之苦。

校園毒品尿液篩檢一直被認為是反毒利器。但是學生課業表現不佳、上課精神不濟，並不代表就有犯罪或吸食施用毒品的問題，其實學校或導師應要仔細瞭解學生精神不濟的真正原因是什麼？試驗尿液或者搜學生的書包均是涉及到學生個人的基本人權及隱私權，細心關懷學生的出發點是對的，但是也要盡力避免對學生造成毀滅性的結果，如果上課學生精神不好、喜歡打瞌睡，但沒有顯示施用成癮性藥物（毒品）合理懷疑時，不應任意將學生列為驗尿的對象（註4）。涉及到學生基本人權的法治教育問題，不只存在於學校，教育主管機關同樣也會誤踩學生隱私權及行動自由的紅線。

為防制校園毒品，教育部規定可對「特定人員」實施尿液採驗。

記得於 2013 年新竹市推行校園「全面」尿液篩檢，就有違反人權的爭議。最近新北市又打算在校內檢測可能吸菸的學生，藉此協助他們戒治菸癮，進一步防治學生濫用毒品藥物。對所有中小學生「全面」強制驗尿清查是否吸毒，恐會侵犯學生的基本人權，同樣地，政府要全面推行「用儀器揪出抽菸學生」也將嚴重侵害學生人權。真正能夠對學生驗尿的法律授權規定，在於《特定人員尿液採驗辦法》第 3 條以下規定的「復學檢驗」，是針對輟學學生復學時實施之尿液檢驗。為了防制毒品在校園氾濫，有關於對「特定人員」實施尿液採驗必要之人，與教育部有關的範圍如下：

（一）曾有違反毒品危害防制條例行為之各級學校學生（含自動請求治療者）。

（二）各級學校之未成年學生，於申請復學時，認為有必要實施尿液採驗者。

（三）有事實足認為有施用毒品嫌疑之各級學校學生。

（四）前三款以外之未成年學生，各級學校認為有必要實施尿液檢驗，並取得其父母或監護人同意者。

（五）各級學校編制內校車駕駛人員。

Q3. 學校一旦發現學生吸毒、轉讓毒品或販毒時，學校是否必須將學生移送少年法院或少年隊處理？青少年販毒、吸毒、染毒，註定包尿布、沒出息一輩子了嗎？

對於行為偏差的學生吸毒，宜以輔導代替處罰、關心代替責難。

對於校園行為偏差的學生吸毒問題宜教不宜罰、宜以輔導代替處罰管制、關心代替責難，從當事人觀點而非以「事件」心態處理少年相關問題，施用第 3、4 級毒品成癮性不大，並無就醫戒治必要，以少年當事人中心思想思考少年的真正需要，少年施用第 1、2 級毒品成癮的話，需要的是醫院專業的戒癮治療。如施用第 3、4 級毒品，僅是因為缺乏支持陪伴，為避免少年偶而好奇或尋求刺激，理論上宜改為《兒童及少年福利與權益保障法》處理（註 5），意即由其父母監護人等負責禁止，或協調適當的機構協助輔導或安置（註 6）。如由學校移送少年法院或少年隊（《少年事件處理法》）處理恐使少年被標籤化。

學生施以輔導、管教或懲罰無效時，校方有向教育局或教育部「通報」之義務。

根據現行法律之規定（註 7），少年施用第三級或第四級毒品者，應依《少年事件處理法》處理！而且該法第 18 條規定，12 歲以上未滿 18 歲少年的肄業學校（校方）「得」請求少年法院處理之。意即校方有斟酌裁量權限，在施以輔導、管教或懲罰無效時，可以考慮移送少年法院處理，以免少年日後被貼「標籤」。但是校方仍有依法向教育局或教育部「通報」義務。

少年有觸犯刑罰法律之行為（觸法行為），例如觸犯殺人、強盜，偷竊或傷害，不論何人知有這類情形事件，「得」向該管少年法院「報告」，使少年法院依法處理、實施保護。

而檢察官、司法警察官或法院於執行職務時，知有少年觸法行為之事件者，「應」「移送」該管少年法院。

例如，設例中的吸食或施打毒品的情形，如果是屬於分級毒品的第一、二級毒品，或持有第三、四級毒品超過20 公克以上的話，那就是觸法行為，是少年犯罪案件。

少年虞犯行為，像是吸食或施打煙毒或麻醉藥品以外之迷幻物品（指 K 他命等第三、四級毒品），常常導致精神上情緒轉變，陶醉感、脫離現實，失去自我控制能力，少年的肄業學校，「得」請求少年法院處理。

換言之，對於少年虞犯行為，使校方也可以有裁量權限請求少年法院處理此類虞犯之行為，以期避免少年監護人怠忽保護少年，同時也尊重監督人的意見，減少衝突。

司法實務上，校方會依規定向教育部通報，但是鮮少有校方請求法院處理虞犯，比較常見的倒是家長對逃家逃學或吸毒少年，親自到法院或以書狀方式，請求法院處理虞犯行為。

從建構完善的學校輔導機制而言，對於吸食第 3 級（K 他命）、第 4 級毒品的戒癮治療，心理諮商非常重要，宜及早建置學校輔導機制，《學生輔導法》早日完成立法，明訂輔導教師之資格條件、充實輔導人力與素質，才能真正落實學生輔導工作。

※註 1：趙俊祥、李郁強，論少年施用毒品問題與修法（下），全國律師，2014 年 8 月，頁 71。

※註 2：根據國外大學合作的最新研究，青少年如果經常吸食大麻，將導致智商永久性受損，即使成年後戒吸大麻，智商仍無法恢復。青少年及 20 多歲黃金時期智商下降，影響很大，不僅可能無法上大學，找到好的工作，並可能容易罹患心臟疾病、失智，更可能早死。引自：民國 101 年 8 月 28 日中央通訊社報導。

※註 3：毒品犯罪是再犯率最高的犯罪類型，煙毒犯終身都在進出監獄渡過《毒品危害防制條例》對於毒品，依成癮性、濫用性及對社會危害性毒品分為四級，其常見品名有：

第一級　海洛因、嗎啡、鴉片、古柯鹼等

第二級　大麻、速賜康、安非他命、搖頭丸、快樂丸、ＭＤＭＡ等

第三級　紅中、青發、K 他命、FM2 等

第四級　蝴蝶片、卡門等

※註 4：針對全面尿液篩檢，有學者指出全面尿液篩檢無法告訴我們學生是否真的吸毒，全面尿液篩檢只能告訴我們某些學生呈陽性反應。「陽性反應」包含了真的吸毒的學生，也包含了未吸毒但呈偽陽性反應的學生。當未吸毒的人口比例越高時，偽陽性的學生也就越多。

※註 5：趙俊祥、李郁強，論少年施用毒品問題與修法（上），全國律師，2014 年 7 月，頁 79。

※註 6：《兒童及少年福利與權益保障法》第 43、91 及 102 條等規定。

※註 7：《毒品危害防制條例》第 11 條之 1 第 3 項規定：「少年施用第三級或第四級毒品者，應依少年事件處理法處理，不適用前項規定。」

11 懵懂青春：蠢蠢還是純純的愛？

新北市 15 歲吳姓少女與同校小男友偷嘗禁果，不慎懷孕，因吳姓少女平日都穿著寬鬆衣物，沒被人發現。某日，她穿著學校運動服在校外閒晃，突然腹部劇痛、下體流血，就這樣產下一子，不知道怎麼辦的她徒手扯斷臍帶，把兒子丟在地上，藏到一旁的防火巷躲起來哭，直到趕來的警消將母子倆送醫，真相才曝光。她的父母在與男方家長接觸協商後，表示不會提出告訴，但強調 2 人的未來必須好好規劃。而校方也已保證，會對兩位小爸媽加強心理及課業輔導。

新聞聊一聊

媽，我以後可不可以不要再跟小明一起結伴走路去上學啊？反正我們又不同班。

（一臉疑惑）為什麼？結伴同行，上下課有伴一起走，我比較放心。

今天我們班上那些男生，真的很無聊耶，看到我和小明一起走路上學，有說有笑的，就在班上說什麼男生愛女生，一直跟大家亂講我們在談戀愛，還說我們手牽手……我們哪有啊？臭男生真的很討厭！叫他們不要再鬧了，都說不聽，氣死我了。

有時候，男生聚在一起就是這樣愛瞎鬧，不要理他們就好了。

我本來也不想理他們啊，但他們越說越誇張……說什麼之前有看到一個新聞說，一個國中女生跟班上男生談戀愛，連自己懷孕都不知道，在家偷偷生下小孩之後沒多久小孩就死了，那個女生還把嬰兒帶到學校垃圾場來丟，校工發現後報警，這件事才被發現……結果其中一個男生還叫我要小心，千萬不要懷孕了！我聽了真的很不舒服，所以，我直接去告訴老師，老師要他們跟我道歉，並且罰他們一堂不准下課，他們才不再亂說了。總之，我不要再跟小明一起去上課了啦。媽媽，我班上那幾個臭男生說的新聞是真的嗎？怎麼會自己懷孕，自己和家人都不知道，也太不可思議了！

我不知道妳同學說的新聞是不是真的？但前幾天我才聽新聞報導說，可能真的是性教育課程沒教好，台灣未成年少女懷孕的

人數一年比一年多，每一年大概有 3000 名的未成年少女生下小孩，而且這些是知道的人數，不知道的還不知道有多少呢？聽了我也嚇一跳！

哇～居然這麼多！這樣不是小孩生小孩？

是啊！大都是 15-19 歲的小媽媽，因為談戀愛或是好奇心驅使所致，不小心走錯路。對了，剛好機會教育一下，現在世風日下，無論男女都要懂法治，常有男生事後被指責性侵的羅生門事件，妳是女孩子家，更要懂得潔身自愛，並懂得保護愛護自己，一定要具備健康的男女交往觀念跟性教育知識哦！

媽媽，我還那麼小，才不會這樣呢！

也是啦，才被男生鬧說「手牽手」就氣成這樣了。好啦，不要在意了，快去洗手，準備吃點心了哦。

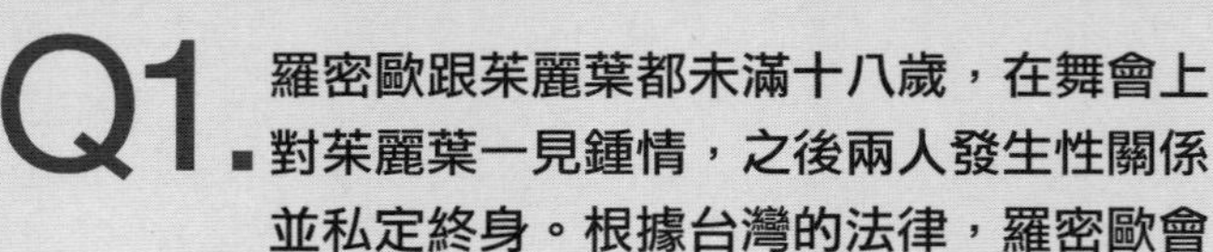

Q1. 羅密歐跟茱麗葉都未滿十八歲，在舞會上對茱麗葉一見鍾情，之後兩人發生性關係並私定終身。根據台灣的法律，羅密歐會被判刑嗎？

鑑於社會觀念日趨開明，第一次發生性關係的年齡逐年下降，隨著媒體、網路色情資訊流通泛濫，妨害性自主罪的人數始終保持著一定比例。根據近 3 年來統計資料，因網路、手機 APP 等交友管道遭性侵的個案占 8%。而且年齡有下降的趨勢，從以往集中在高中生族群，下降至國中生。遭網友性侵案例中，年紀最小的個案僅 12 歲（註 1）。

青少年的犯罪類型中，以強制性交（性侵）案件來說，少年生理初熟，對於性及性事自然好奇，加上少年血氣方剛，難以控制衝動，易受錯誤資訊影響，以強暴、脅迫手段違反被害人意願與其性交或猥褻行為的事件不在少數，特別在人多膽大或受同儕激將壓力下誤觸共同性侵案件的情形亦時有所聞。此外，常見的例子像是：對方明明不要，卻誤以為對方「半推半就」下的強制性交、猥褻行為，男女朋友雙方雖然情投意合，但在親密行為最後關頭，有一方表示遲疑、不妥、最好不要的意思時，另一方認為「假惺惺」「半推半就」「嘴上說『不』心裡不反對啦」……等，仍會構成強行性交、猥褻等罪名，須慎思而後行。

▌與未滿 16 歲之人性交或猥褻，即使兩情相悅，仍觸法

以設例中的情況來說，現代少年性生理提早成熟，與異性交往年齡大幅提前，由於性觀念開放，加上網路、手機交友工具簡單好操作，出現「快速親密」現象，初次性行為發生時間大大提前，不過《刑法》為保護幼男幼女，訂有對未滿 16 歲之男女為性交或猥褻之行為，或者加重強制性交等法律刑責（註 2），最常見的是國中小倆口雖兩情相悅發生性關係，但被對方家長發現後，對方家長心有不甘，執意以與未滿 16 歲之人性交或猥褻罪名送警究辦。

有關於將來的法律程序上，除非設例中的羅密歐涉犯最輕本刑 5 年以上（例如加重強制性交罪）、事件繫屬法院後已滿 20 歲，或者犯情重大且有再觸法行為之外，不然，

基本上就會依照《少年事件處理法》以少年保護事件之程序處理，並施以保護處分。另一方面，羅密歐若是因不慎觸犯了對未滿 16 歲的茱麗葉，實施性交（或猥褻）行為，爾後（少年）法院在審理時，是可以斟酌案情對語華減輕或免除其刑責。（註 3）

Q2. 聽說有「兩小無猜法案」，只要茱麗葉的家長沒有提出告訴，羅密歐這個懵懂少年就不會因為做出的糊塗事受到法律制裁嗎？

根據法務部的研究資料及分析，近十多年來少年兒童觸犯妨害性自主罪人數逐年增加，至 98 年犯罪人數及所占比例達最高。由於社會資訊傳播日趨多元，智慧型手機普及，各類色情資訊氾濫，致使少年兒童容易暴露於色情危害之中，犯罪人數逐年增加。而鑒於社會性自主權意識抬頭，少年兒童性觀念早熟開放，政府對於相關兩性平等及性知識的教育應加強落實，並即早進行鑒別性犯罪高危險群少年兒童的工作，更需要積極著手實施。老師及家長對於兒少不要一昧加以指責，而是應協助建立正確兩性交往觀念。

如若雙方家長達成和解，可以裁定「不付審理」

另須注意為妨害性自主罪自 88 年修法公佈實施以後，對於妨害性自主罪已採行公訴罪，不過，為了保護未滿 18 歲者，因年少懵懂，情竇初開，而誤觸此法，故規定未滿 18 歲者觸犯刑法第 227 條（與幼男幼女性交及猥褻罪）之規定，須告訴乃論（註 4）。換句話說，假如少年羅密歐的父母親出面與被害人家屬達成和解，經被害家屬撤回刑事告訴時，少年法院經過調查結果認為少年雖有非行，但如情節輕微、已向被害人家屬道歉、立悔過書或賠償等，是可以裁定「不付審理」而轉介輔導、交付家長嚴加管教，或告誡之處分，以教育代替刑事處罰。

※註 1：資料來源：2014 年 10 月 3 日聯合晚報報導。

※註 2：《刑法》第 227 條規定：「對於未滿十四歲之男女為性交者，處三年以上十年以下有期徒刑。對於未滿十四歲之男女為猥褻之行為者，處六月以上五年以下有期徒刑。對於十四歲以上未滿十六歲之男女為性交者，處七年以下有期徒刑。對於十四歲以上未滿十六歲之男女為猥褻之行為者，處三年以下有期徒刑。第一項、第三項之未遂犯罰之。」

※註 3：《刑法》第 227 條之 1 規定：「十八歲以下之人犯前條之罪者，減輕或免除其刑。」

※註 4：《刑法》第 229 條之 1 規定：「對配偶犯第二百二十一條、第二百二十四條之罪者，或未滿十八歲之人犯第二百二十七條之罪者，須告訴乃論。」

Part 2 師生間的法律界限

◎老闆——餐廳經營者，同時也是兩個兒子的爸爸，很民主、樂觀。

◎客人——忙碌的上班族，但對唯一的寶貝女兒的教育仍然十分關注，是個開朗的有趣爸爸。

一個是餐廳老闆，一個是店裡的老主顧，當兩個都很關心孩子教育的辛苦老爸碰在一起時，面對老師沒收手機、師生間的親密接觸、體罰……等等事件，是如何看待、應對及處理呢？

親密尺度：保持距離，以測安全

屏東縣一間國小老師，去年算好時間在女學生滿 16 歲當天與其發生關係，目前遭停職並接受調查，人本教育文教基金會昨天拉紅布條抗議，質疑校方處理牛步，擔心若不解聘該師，恐有學生再受害。

該師先前在外縣市服務，和現讀高職的女學生交往多年，在結婚前一晚且女學生滿 16 歲當天發生關係，校方性平會調查結果，稱女學生滿 16 歲，沒有明顯拒絕，性侵害不成立。

新聞聊一聊

今天又加班？

是啊，不然孩子教育費哪裡來？哈哈。

說到這個……我小兒子今天幼稚園放學回來跟我說，長大以後要跟他的老師結婚啦！我問他為什麼？他說，因為老師很漂亮，而且會餵他吃飯，還會陪他睡午覺……對他好好哦。我笑說，應該是你吃飯慢、午睡不乖乖，老師才這樣吧！

哈哈，小孩子就是那麼單純啦！

是啊！

孩子愈大，要擔心的事情真的愈多。若你孩子像我家的一樣，是大一點的女孩，對方又是男老師的話，很多過分親密的行為舉止，就要特別注意了。

也是啦！尤其，學生真的很容易因為崇拜而喜歡上老師。像我以前學生時代也曾經很仰慕學校的女老師，還因此那一門科的功課成績特別好。

不錯啊，起碼是正面的導向和影響。但若是像前一陣子吵得沸沸揚揚的補習班師生戀新聞那樣，就不好了，無論如何都是不能接受的事啦，小孩子不懂事，衝動就算了，老師已是成熟大

人，還不懂自制，利用權威，明知不可為而為之，學生家長憤而提告，真的要重罰以示懲戒。

嗯嗯，應該的！不過，話說回來，回歸到問題的本質，每一個人都應該要認識校園性騷擾的涵意。校園性騷擾是指一種在性與性別認同上的權力濫用，有分：威脅性交換之性騷擾、敵意學習環境之性騷擾（例如老師上課時亂講黃色笑話），及利益交換之性騷擾（對提供性服務的特定學生給予特殊待遇，如獎學金、變更分數等級、加分）。

或許是因為類似的校園性騷擾事件頻傳，搞得老師們草木皆兵，緊張兮兮的。不過這樣也好，某些資深教師的陋習、潛規則早就應該深切檢討、汰換，老師們既然是為人師表，必須謹言慎行，言行舉止沒有拿捏好分寸就容易被貼上狼師、「性騷擾」帽子甚至挨告、晚節不保。藉此機會警醒那些老師，盡量避免和同學們有不必要的肢體接觸，保持距離，以測安全嘛！

對了，我倒想起一件事！前陣子，我女兒跟我說，班上的一個男同學在上國文課時講黃色笑話，當時老師很淡定回說：「下課後再找健康教育老師幫他解答疑惑。」全班哄堂大笑，男同學反而尷尬了。你看，像這樣的事，老師若過度反應的話，也可以說男學生性騷擾啊！

也對！唉，男孩子的調皮和惡作劇有時也真讓人傷腦筋。

連律師小學堂

Q1. 古有云：師者，所以傳道、授業、解惑也。眼見社會新聞常報導老師和學生約會負面新聞層出不窮，除了道德、倫理規範外，法律的界限在哪裡？

萬一遇到不適任的教師時，學生或家長當然不能鄉愿，也必須要採取必要的措施，不只保護自己，也是維護學校、學生之安全，及不受干擾的學習環境。有關於遇到不適任教師的解聘、停聘方面，根據《教師法》第 14 條的規定，教師聘任後有法律規定的情形之一，得解聘、停聘或不續聘。例如經學校性別平等教育委員會或依法組成之相關委員會調查確認有性侵害行為屬實，或者性騷擾或性霸凌行為，且情節重大。

性侵害、性騷擾、性霸凌行為屬實，教師可能會被解聘。

如有性侵害行為屬實，或者性騷擾、性霸凌行為，且情節重大的話，不得聘任為教師；已聘任者，服務學校應於知悉之日起一個月內經教師評審委員會（教評會）審議通過後予以停聘，並靜候調查。經調查屬實者，由服務學校報主管教育行政機關核准後，予以解聘。換句話說，基本上，對於教師的離職還是當作教育人員自主的工作，交由教評會處理，但是教評會往往是基於人情，或鄉愿的話，現行設計將有關不適任教師之離職，交由教評會判斷，恐怕容易遭致立場不公允的批評。

關於通報機制上，為避免聘任之教師有像是性侵害行為屬實，或性騷擾、性霸凌行為，且情節重大等情事，各主管教育行政機關及各級學校應確實依規定辦理通報、資訊之蒐集及查詢。

權責之爭：是沒收？還是暫時保管？

案例 1

台中一高中生考試玩手機線上遊戲，老師沒收手機後，拿到其他班級，有學生提議把遊戲刪掉，於是導師將手機交給學生，交由另一名學生刪光，只見學生邊刪邊歡呼，一瞬間就刪除了價值近一萬元，玩家至少要「練功」一百小時才能提升功力的一百七十多張卡牌。消息傳出，惹出爭議。

案例 2

一國中導師，因擔心班上學生帶手機上課會影響上課秩序，要求到校以後把手機集中，由老師保管，放學再發還給學生，但其中一名同學的手機卻被保管到莫名消失了，但老師不但推卸責任，表明是好心負責保管，還說要由班費賠償。

新聞聊一聊

欸，老闆，笑咪咪的，今天心情特別好哦！

是啊，因為剛和大兒子通電話，感覺到他懂事了，我很開心，也一掃昨晚的鬱悶。

很棒啊！但本來發生了什麼事？

昨天兒子一放學就哭喪著臉跟我說，我幫他新買的遊戲機被老師沒收了！放學時，想跟老師要回來，但老師不還給他。

他是因為上課時間偷玩遊戲機才被老師沒收的嗎？

沒有！他說，他本來只是想帶去跟同學分享這台最新的遊戲機，結果根本還沒拿出來，老師一早檢查書包，看到遊戲機就沒收了。他怎麼解釋都沒有用，老師說，帶遊戲機到學校就是違反規定，所以要沒收。

當初我就再三叮嚀過他，不准帶到學校去玩，就是不聽話。我火大罵了他一頓，他又氣又委曲，還跟我頂嘴、賭氣，一整晚不吃飯。

哎呀，小孩子難免的。但對於老師沒收東西這件事，我一直很不理解。我記得以前我們念書的時候，老師也會沒收東西，但以前被沒收的通常是小東西，老師不還就不還，我們也只能認了，但現在沒收的東西，常常價值很高，能說不還就不還嗎？你大兒子的遊戲機多少錢？

5000 多塊呢！

哇，5000 塊耶！所以，「沒收」這件事，到底是否合理呢？老師真的可以不還嗎？會怎麼處理那遊戲機啊？

我老婆看我們父子昨晚那樣，今早就陪著他一起到學校去了解狀況。原來老師曾經說過，帶 3 C 產品到學校的同學太多了，會影響學習，所以再三規定不准帶這些東西到學校，不然就要沒收，也才會有搜查書包這件事。但也沒有真的不還給學生，通常就是幫他們保管一陣子作為告誡，幾天後就還給他們了。這小子今天拿回遊戲機了，所以剛剛打電話來跟我道歉，說知道自己錯在哪裡了，以後不會再犯，讓我很欣慰。

不經一事，不長一智，孩子能從事件中成長，也是收穫啦！值得開心。

Q1. 學校或班級可不可以訂立校規或班規限制學生的人身自由、侵犯學生的隱私？老師可以用找尋失物（手機或貴重物品）當作理由，搜學生的書包嗎？被搜書包的學生可以申訴嗎？

根據報章報導，新北市林口某國中舉行防震演習，全年級學生都帶著書包到操場避難，之後有學生在教室發現iPhone 手機遺失，趕緊告訴女導師。老師擔心手機找不回來才倉卒決定先要求學生互搜書包未獲，再把全班學生「請」出教室自己搜，有學生被搜出香菸，有女學生被搜出衛生用品，由於女導師都拿出來觀看，旁邊男生竊笑，心裡覺得很受傷（註 1）。

隱私與管教僅一線之隔。

從學生基本權利及隱私權的角度來看，隱私與管教其實僅在一線之隔，重點必須受到所謂的比例原則的檢視。舉體來說，僅只是防震演習時 iPhone 手機遺失可能性比較大，而不是有特定的事證顯示某位學生涉嫌竊取他人物品的情況下，老師搜學生的書包，或令學生互搜書包的話，倘若沒有相當的理由、欠缺必要性、正當防衛或緊急避難，恐已涉嫌刑法違法搜索罪及妨害祕密罪，必須審慎。也正因為如此，教育部所頒訂的《學校訂定教師輔導與管教學生辦法注意事項》第 28 點有關於《搜查學生身體及私人物品之限制》方面，為維護學生之身體自主權與人格發展權，除法律有明文規定，或有相當理由及證據顯示特定學生涉嫌犯罪或攜帶第 30 點第 1 項及第 2 項各款所列之違禁物品，或為了避免緊急危害者外，教師及學校不得搜查學生身體及其私人物品（如書包、手提包等）。

▌教育、糾正學生符合比例原則時，才屬合理的範圍。

《學校訂定教師輔導與管教學生辦法注意事項》第 12 點訂定了教師採行之輔導與管教措施，應與學生違規行為之情節輕重相當，並依下列原則為之：

（一）採取之措施應有助於目的之達成。

（二）有多種同樣能達成目的之措施時，應選擇對學生權益損害較少者。

（三）採取之措施所造成之損害不得與欲達成目的之利益顯失均衡。

例如班導師可以先對班上的學生進行勸說，讓學生幫忙協助尋找或（在不公開情況）主動交出竊取物品、違禁物，避免直接強行搜查書包；但以上述所舉的例子來說，手機不見就搜索學生書包，不問老師是一時情急或考慮不周，可說是「大砲打小鳥」恐已逾越必要程度侵害學生隱私權益。

Q2. 學生的手機私訊、照片、影片或手寫互傳字條，已經影響到老師與其他同學的上課秩序，老師可以要求違規學生打開手機內容來查閱嗎？學校或老師可不可以訂立校規及班規嚴格要求禁帶（用）及沒收手機的規定？

發現學生攜帶或使用違禁品，教師應自行或交由學校暫時保管，並視其情節通知監護權人領回。

隨著科技日易進步，手機使用功能不再侷限於通訊，包括上網、錄音錄影，手機遊戲，也因為如此，學生攜帶手機除了與家長聯繫重要緊急事情之外，課堂如若使用其他的手機功能，包括看影片、上網玩遊戲及拍照、聽音樂，超越必要程度時，確實帶來學習環境的干擾，甚至以不法偷拍、垃圾騷擾簡訊侵犯其他學生的受教權。

另一方面，老師或難以擺脫過往總以「上對下」特別權力關係的姿態看待學生，以合理管教的理由翻學生日記、紙條、書包，加上過去學生「自我保護」觀念淡薄，常乖乖就範，但要知道，現在學生保護自我權益意識變強，老師任意揭露學生隱私的領域，很容易造成師生關係處於緊張狀態。《學校訂定教師輔導與管教學生辦法注意事項》第 30 點有關於學生攜帶及使用手機的原則性處理：

教師發現學生攜帶或使用下列違禁物品時，應自行或交由學校予以暫時保管，並視其情節通知監護權人領回。

下列物品教師認為，有依相關規定沒收或沒入之必要者，應移送相關權責單位處理：

（一）化學製劑或其他危險物品。

（二）猥褻或暴力之書刊、圖片、錄影帶、光碟、卡帶或其他物品。

（三）菸、酒、檳榔或其他有礙學生健康之物品。

（四）其他違禁物品。

教師或學校發現學生攜帶違法物品及違禁物品以外之物品（例如手機），足以妨害學習或教學者，得予暫時保管，於無妨害學習或教學之虞時，返還學生或通知監護權人領回。教師或學校為暫時保管時，應負妥善管理之責，不得損壞。但監護權人接到學校通知後，未於通知書所定期限內領回者，學校不負保管責任，並得移由警察機關或其他相關機關處理。

Q3. 誰來保護學生使用手機的權益？

目前大部分各級學校也有訂定類似《校園攜帶行動電話使用規範原則》，主要針對攜帶行動電話到校使用之規範，應包含管理方式及違規處置等相關內容，審酌不同年齡階段學生需求與用途之差異性，其中學生倘攜帶行動電話到校，應用於與父母之間的聯繫功能為主且應正確使用行動電話為原則。

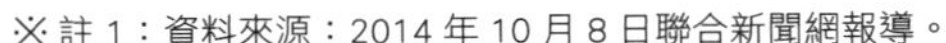

※註 1：資料來源：2014 年 10 月 8 日聯合新聞網報導。

03 獎懲失當：老師揪學生看A片，成績好看續集？

新竹縣一所國小老師教學方式離譜，不但在課堂上掌摑學生，還播放情慾暴力片《青春期》，片中除了有抽菸、酗酒等不檢點行為外，還出現不少自慰和做愛戲碼，不適合兒童觀看。

事情被揭發後，共有20多名學童指控他的18項偏差行為，包括女學生若考試不及格，就罰她們在地上躺平，命令男學生「上」；甚至在上課時，老師秀出保險套並灌入膠水，笑稱這是同學的「小雞雞」；還有男學生的胸口不小心撞到桌角，老師竟猥褻地說：「可能是發育了，我來摸摸看。」讓同學抱怨心理很不舒服。

新聞聊一聊

這老師也太過分了！

什麼事？

就這則新聞啊，說一名國小的自然老師已經有 23 年的教學經驗，而且還是學校教師聯合會的會長，他在上 4 年級的課時，當著全班學生面前賞某個學生巴掌耶！

唉喲，如果是我家小孩，我不知道會有多捨不得、多心疼！怎麼這樣的事總是一再發生啊？之前也聽過很多老師處罰學生過當的新聞，這些老師是怎麼了，不是說要「愛的教育」？

其實，我們也知道有的學生真的是太皮了，有時候不處罰還真是不行，但要有分寸啦，直接打巴掌就太超過了。更誇張的是，這個老師在課堂上還播放一部叫什麼《青春期》的限制級電影，成了壓死駱駝的最後一根稻草。

真的假的？A 片哦？這麼離譜！

不是 A 片啦，是限制級的，不一樣！

差不多啦。那是什麼電影？

聽說是一位大陸導演管曉杰在 2011 年執導的情慾片，描述一名叛逆的高中少女和同學的成長故事，片中除了有抽菸、酗

酒等不當行為外，還出現不少自慰和做愛的戲碼……家長得知後氣炸了去檢舉，但該名教師依然故我，繼續讓學生看。

真夭壽，這種電影，怎麼可以給小朋友看？

還有還有……說什麼要獎勵學生，如果考試一百分還能看續集，考不到就罰操場裸奔……

夠！怎麼對學生說這種話，這樣怎麼教小朋友？老師都沒有老師的樣子了。

還好，是那位被打巴掌的學生家長到學校反應之後，這名老師的誇張行徑才一一都被揭發，現在這名老師被校方記 4 次申誡，目前仍在觀察評估「輔導期」。

蝦米？才「觀察評估」！根本不期待他有反省的可能，不必浪費教育資源，「無輔導必要」，學校應該立即解聘了吧？要是父母親知道自己孩子被這個老師教到，怎麼可能受得了！且校方如果在「輔導期」把他安排行政事務或科任，豈不是又誤人子弟！

正是所謂的學校行政官僚又鄉愿，看來我也該關心一下我家孩子，問問在學校老師們有沒有這些或其他怪怪的事情發生。

應該的啦！這樣有問題才能及早發現，儘早處理。

連律師小學堂

Q1. 教師處罰學生的合理方式及權限？

通常***維持校園秩序的措施，可以分為：一般的教育措施，並不具有懲罰性；以及具有懲罰性的維持秩序之措施。***前者，像是教師在課堂討論某一學生事實行為，與學生或其家長共同諮詢，或者是給學生特別的作業，也不具有懲罰性。至於後者，學校維持校園秩序的措施，在我國有警告、記過，將學生勒令轉學、留校察看及退學等。（註 1）

總括來說，我國學校的維持校園秩序措施，主要包括了輔導、管教與懲戒權。如參照教育部頒訂之輔導管教注意事項規範（註 2）。

教師對學生的「管教」及「處罰」是否過當？

所謂的「管教」，指對學生須強化或導正之行為，所實施之各種有利或不利之集體或個別處置。尤其是，中小學教師於管教措施時，例如建議、勸導、糾正、指示等非強制手段，應本乎平等原則、比例原則，教師管教（輔導）學生應審酌個別學生情狀，以確保管教（輔導）措施之合理有效性。又舉例來說，要求站立反省。但每次不得超過一堂課，每日累計不得超過兩小時。「站立反省」的目的，在於促使學生犯錯能夠思過反省，不同於「罰站」可能含有處罰的意味。相反地，某些老師可能請犯錯的學生站在校門口、教室門口，甚至身上掛著告示牌、戴口罩、吃奶嘴，這樣子的方式容易產生被貼標籤（註 3）（labialization）作用，反而傷害學生的自尊、人格，並不適當（註 4）。

所謂的「處罰」，指教師於教育過程中，為減少學生不當或違規行為，對學生所實施之各種不利處置，包括合法妥當以及違法或不當之處置；違法之處罰包括體罰、誹謗、公然侮辱、恐嚇及身心虐待等。

【附表】：教師違法處罰措施參考表（註5）

違法處罰之類型	違法處罰之行為態樣例示
教師親自對學生身體施加強制力之體罰	例如毆打、鞭打、打耳光、打手心、打臀部或責打身體其他部位等
教師責令學生自己或第三者對學生身體施加強制力之體罰	例如命學生自打耳光或互打耳光等
責令學生採取特定身體動作之體罰	例如交互蹲跳、半蹲、罰跪、蛙跳、兔跳、學鴨子走路、提水桶過肩、單腳支撐地面或其他類似之身體動作等
體罰以外之違法處罰	例如誹謗、公然侮辱、恐嚇、身心虐待、罰款、非暫時保管之沒收或沒入學生物品等

說明：本表僅屬舉例說明之性質，其未列入之情形，符合法定要件（基於處罰之目的、使學生身體客觀上受到痛苦或身心受到侵害等要件）者，仍為違法處罰。

關於處罰，按照「輔導與管教學生辦法注意事項」，可分為「合法妥適」以及「違法」或「不當」的處置等兩類型。

一、「合法妥適」的處罰措施，仍要遵循正當法律程序：(註6)

（一）學校或教師處罰學生，應視情況適度給予學生陳述意見之機會，以了解其行為動機與目的等重要情狀，並適當說明處罰所針對之違規行為、實施處罰之理由及處罰之手段。

（二）學生對於教師之處罰措施提出異議，教師認為有理由者，得斟酌情形，調整所執行之處罰措施，必要時得將學生移請學務處（訓導處）或輔導處（室）處置。

（三）教師應依學生或其監護權人之請求，說明處罰過程及理由。

二、「違法」或「不當」的處置：

像是：體罰、誹謗、公然侮辱、恐嚇及身心虐待等。這一類違法、不當的處罰態樣，根據目前教育主管機關、《教育基本法》以及「輔導與管教學生辦法注意事項」，均是嚴格禁止的，比如，依《教育基本法》第8條第2項規定，教師輔導與管教學生，不得有體罰學生之行為；「輔導與管教學生辦法注意事項」第39點，教師輔導與管教學生，得採規勸或糾正之方式，並應避免有誹謗、公然侮辱、恐嚇等構成犯罪之違法處罰行為。即其適例。

Q2. 何謂不當的體罰？哪些處罰為過當？教師有無法律責任？案例中，老師在言語（裸奔、小雞雞 ......）或肢體上的動作（摑掌），若造成學生心理不舒服的感覺或身體傷害，除了校方記申誡處罰之外，老師有無任何相關刑責？

「處罰」，包括合法妥當以及違法或不當之處置；違法之處罰包括體罰、誹謗、公然侮辱、恐嚇及身心虐待等。其中比較受到注目的是「體罰」情形，根據「輔導與管教學生辦法注意事項」，體罰是指教師於教育過程中，基於處罰之目的，親自、責令學生自己或第三者對學生身體施加強制力，或責令學生採取特定身體動作，使學生身體客觀上受到痛苦或身心受到侵害之行為。例如，毆打、鞭打、打耳光、打手心、打臀部或責打身體其他部位等。

違法處罰包括：體罰、誹謗、公然侮辱、恐嚇及身心虐待等，不當之處罰有可能構成刑事傷害罪、公然侮辱罪。

對於學生不當或違法的處罰，恐會構成體罰之外，同時也會構成刑事傷害罪、公然侮辱罪。發生這些情形是要通報主管教育行政機關的，教師有違法處罰學生之行為的話，學校甚至還應按情節輕重，依相關學校教師成績考核辦法或規定，予以申誡、記過、記大過或其他適當之懲處。所以，切勿讓體罰成為一種常態慣性，忽視體罰對學生所造成的後遺症。

例如最近發生彰化縣某國小的女導師上美勞課時，制止一名學童與同學在教室裡追逐嬉戲，學童否認追逐，還頂嘴說「老師就是瞎子」；因她有眼疾要開刀，認為學童有意刺激她，她拿扯鈴棒打學童屁股一下，事後家長提告。彰化地方法院依傷害罪將女導師判刑拘役30天，緩刑2年。

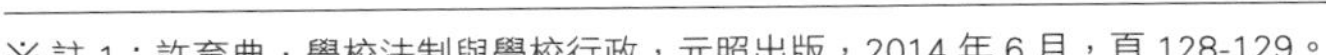

※註1：許育典，學校法制與學校行政，元照出版，2014年6月，頁128-129。

※註2：詳閱《學校訂定教師輔導與管教學生辦法注意事項》。

※註3：犯罪學上有所謂的「標籤理論」，其認為人之所以會成為犯罪者，是整個社會尤其是有權力的人，對當事者標籤的過程。犯罪是因為政治上有權勢之人或團體，對於社會中居於劣勢者的反應所產生，標籤理論犯罪學家認為，犯罪者並不是天生的邪惡者，而是被那些擁有經濟、政治及社會權勢所加諸的一種「偏差行為人的身分」。

※註4：《老師你也可以這樣做：校園法律實務與理念》，民間公民與法治教育基金會著，五南出版，2013年4月，頁51-53。

※註5：資料來源：《學校訂定教師輔導與管教學生辦法注意事項》所列附表一。

※註6：《學校訂定教師輔導與管教學生辦法注意事項》第15點。

04 逾假不歸：老師，你會回來嗎？

北市一所高中，一名化學女老師在暑假前，開始請育嬰假。當假期即將結束時，剛好遇學生開學之際，老師沒有回學校教課，臨時又再跟學校提出，以「精神受創、身體不適」為由，繼續要請病假，但請多久時間無法明確告知。學校對於這突發狀況，面臨已是開學之際再加上老師無法給出明確的請假期限，一時很難找到代課老師，而校內化學老師又滿堂，不得已只能找其他非專任老師來代課。

這名高中化學女老師的自私行徑，不僅學校困擾、校內同事工作量暴增，同時也剝奪學生學習受教的權利，長期下來恐擔心造成學生學習不適，已引起家長的關注與擔憂。

新聞聊一聊

我女兒最近功課有明顯進步了，重要的是，她現在念書都很主動，不像之前都要我和她媽不斷地三催四請，她還心不甘情不願的念。

那很不錯啊！孩子能夠自動自發最好了。我家兒子不知什麼時候可以這樣願意主動學習。你女兒是怎麼想通的啊？

我也問她，怎麼最近這麼棒，願意乖乖寫功課、主動複習功課？原來是她之前的班導師去生小孩了，所以來了一位代課老師，老師和他們學生的相處模式和教學方法，讓她覺得念書比較有趣了，本來是很排斥的功課，現在反而會主動完成它，也因此讓她考試成績進步，有了成就感，當然就更願意念書。

可見老師對學生的影響真的很大。

一定的啊！對學生來說，老師的教學方法和態度，對學習效果影響很大。我女兒就說，她們隔壁班之前的老師請假之後，本來說要回來，後來又沒有回來，結果一直都是不同的代課老師來代課，班上同學都適應不良，叫苦連天的。她好希望現在這個老師能一直教下去，不要再換了。

可憐，學生是沒辦法選擇老師的。

是呀！

不過，剛剛你提到那個老師請假沒有回來的事，之前我一個客人也跟我說過類似的問題，她兒子高中的老師一直請長假，學校只好一直找代課老師，搞得她兒子很焦慮，因為老師授課方式都不一樣，學習方式也跟著搖擺不定。於是，她只好去跟學校反應，希望學校能盡快解決這個問題，因為最直接的影響就是成績變差了。

尤其是高中升大學這個關鍵時刻，父母一定也跟著緊張。不過，老師這樣，也太沒責任感了吧！若真的無法回學校上課，應該明確告知學校才對，學校也能做應對措施。這若是在私人機構，早就叫妳不要回來了吧！

是啊，聽說學校對於這種事，也很頭痛！

Q1. 老師請長假，合乎請假規定？

老師也是人，每個人都需要修身養息，才能夠繼續提供勞力教育英才。但是如果濫用休假的美意，長久下來恐怕影響學校行政教務及學生的受教權。例如，某位女老師至今共請了 9 年的假，共經歷 5 任校長，這名女老師請假皆合法，但此舉不但會對教務上有影響，必須請代課老師，代課老師不能擔任導師，導致其他正式老師就會較快輪替到當導師，有些老師就比較不能休息。

合法、但不合情理的請長假案例：

舉以下這個極端例子說明：話說這名女老師在 2006 年、約 29 歲時，經過考甄制度，於當年 8 月 1 日到職，但她之後申請「國外進修留職停薪假」，從 2007 年 8 月 1 日請到 2010 年 7 月 31 日，總共 3 年。

等到假期結束，該名女老師隨即又在 2010 年 8 月 1 日開始請「育嬰留職停薪假」，請到 2014 年 1 月 31 日，總共 3.5 年。

之後她又稱要照顧長輩，在 2014 年 2 月 1 日到 2014 年 7 月 31 日期間，請了 0.5 年的「侍親假」。該名女老師在侍親假結束後，在 2014 年 8 月 1 日又請了「育嬰留職停薪假」，休到 2016 年 1 月 31 日，共 1.5 年。

到了 2017 年 2 月 1 日，女老師再度請「侍親假」，預計休到 2018 年 1 月 31 日，共 1 年。

教師留職停薪進修的規定：

首先是，根據教師法第二十二條及第二十三條規定訂定之《教師進修研究獎勵辦法》第 4 條規定，留職停薪進修、研究，係指服務學校或主管教育行政機關基於教學或業務需要，同意教師在一定期間內保留職務與停止支薪而參加之進修、研究。換句話說，根據留職停薪進修的規定，只要服務學校或主管教育行政機關基於教學或業務需要，同意教師在一定期間就可以，似乎沒有限定一定時間之內，因此設例中該名老師申請「國外進修留職停薪假」，從 2007 年 8 月 1 日請到 2010 年 7 月 31 日，總共 3 年，是合法的。只不過，留職停薪全時進修、研究者，其服務義務期間為留職停薪之相同時間。

育嬰留職停薪的規定：

其次，依性別工作平等法訂定的《育嬰留職停薪實施辦法》規定，受僱者（含教育人員）申請育嬰留職停薪，應事先以書面向雇主提出。而且該書面應記載下列事項：一、姓名、職務。二、留職停薪期間之起迄日。此外，育嬰留職停薪期間，每次以不少於 6 個月為原則。

育嬰留職停薪的要件是，（1）受僱者（含教育人員）任職滿六個月；（2）於每一子女滿三歲前；（3）得申請育嬰留職停薪；（4）期間至該子女滿三歲止，但不得逾二年（最長 2 年）。同時撫育子女二人以上者，其育嬰留職停薪期間應合併計算，最長以最幼子女受撫育二年為限。

案例中的該名女老師又在 2010 年 8 月 1 日開始請「育嬰留職停薪假」，請到 2014 年 1 月 31 日，總共 3.5 年。是不是合法？基本上，根據上述規定，如果撫育一個子女時，育嬰假最長 2 年，但是育嬰留職停薪期間，也可以另與雇主（服務學校）協商提前或延後復職。

教師請長假須考量校方、同仁、學生之實際狀況，避免損及學生學習權益及造成校方人力調動困擾。

姑且不論，現行育嬰留職停薪的規定是不是需要作調整修正。育嬰留職停薪措施固然在保障性別工作權的平等，不過各個學校也要依學校運作及教學需要，依當事人事先書面申請確實維護學生的受教權就個案具體事實秉權責核給或由老師與服務學校協商合致（註 1），尤其是遇到上述同時有「國外進修留職停薪假」、「侍親假」、「育嬰留職停薪假」雖然合乎《育嬰留職停薪實施辦法》、《教師進修研究獎勵辦法》、《教師請假規則》，才不至於服務學校因為過度鄉愿，影響學生受教權益。在學生家長及其他老師的內心造成極度不公平及憤慨。

Q2. 老師按規定請假，但若時間過久已損及學生學習權益及造成校方人力調動困擾，校方有無應對措施？或有無法律可約束？

對於學生家長、外界質疑這種老師合法的濫用請假，占著正式老師缺額、間接造成有些老師比較不能休息，嚴重影響學生受教權益，相當不合理。不可諱言部分原因也因為是校方長期過於消極縱容所致。法規上不僅只沒有行政懲處，反而依《教師進修研究獎勵辦法》，規定留職停薪全時進修、研究者，服務義務期間須與留職停薪時間相同！因此，校方應該積極地各種行政措施，例如以觀課等方式協助老師，以最短時間適應回職場，早日回到校園。

※註 1：新北市政府民國 100 年 5 月 19 日北教人字第 1000458358 號函、教育部 99 年 8 月 11 日台人（二）字第 0990128405 號函、臺北縣政府 98 年 11 月 9 日北府人三字第 0980931387 號函。

教師特權：打學生屁股一下，女師被判緩刑2年？！

彰化縣某國小的女導師上美勞課，在上課時間，一名學童與同學在教室裡互相追逐嬉戲，她見狀叫兩人不要跑，這一名學童辯稱他沒有跑，女導師生氣說：「全班都看見，除了瞎子才看不見」。沒想到，這一名學童頂嘴說「老師就是瞎子」。

當時，這名女導師患有視網膜的眼疾，正準備開刀，認為學童出言不遜，於是把他叫到教室前面，拿扯鈴棒打了一下屁股。放學後，這名學童喊屁股痛，媽媽看到屁股上有一道紅腫痕跡，拿手機拍照存證，向彰化地檢署提出告訴，依傷害罪將女導師判刑拘役30天，緩刑2年。

新聞聊一聊

今天想吃點什麼？

來點輕食吧！最近太胖了。

怎麼突然想要減肥？

就我女兒啊，昨天晚上一直巧克力吃不停，我叫她不要再吃了，說「妳會變小胖妹的」。耶，她馬上不甘示弱的回我，「爸爸你才是大肥豬咧！」我說她沒禮貌，她還說，「本來就是啊，你那麼胖！」雖然她可能是開玩笑，但當下聽了還是很不舒服，怎麼可以說爸爸是大肥豬，真是氣死我了。但，看看自己的身材，還真的是該減肥了。

童言無忌，不用跟自己小孩子計較、生氣啦。

當然不會啦！但，這讓我很擔心她在外面對別人說話也是這樣口無遮攔，很不禮貌的。若是一不小心傷到了別人，還不知會惹出什麼樣的麻煩？

這倒是真的，最近不是發生一件事，有一個國中生在上課的時候公然睡覺就算了，還破壞班上秩序，老師請他安靜點好好上課，那名國中生還嗆老師說她是長舌婦，吵死了！老師氣得拿愛的小手打了他左手手心以示懲戒，沒想到第二天學生家長就鬧到學校說要告老師，因為把孩子手給打腫了。

你看，孩子沒教好，口無遮攔又毒舌容易擦槍走火。如何幫助孩子適切表達，口出善言？最根本的方法，「先從別人的視角具備同理心出發」。

是啊，老師真的愈來愈難為了，一個不小心，尺度沒有拿捏好，就有可能挨告，老師們到底要怎麼教育孩子啊？

等一下回去啊，就用這個例子來告訴我女兒，希望幫助她學習了解他人的感受，對人要有同理心，好好學習說話的禮貌。

連律師小學堂

Q1. 常感嘆師道無存了嗎？學生辱罵老師，老師氣憤之下可以「體罰」學生嗎？

「處罰」，包括合法妥當以及違法或不當之處置。違法之處罰包括體罰、誹謗、公然侮辱、恐嚇及身心虐待等。其中比較受到注目的是「體罰」情形，根據「輔導與管教學生辦法注意事項」，體罰是指教師於教育過程中，基於處罰之目的，親自、責令學生自己或第三者對學生身體施加強制力，或責令學生採取特定身體動作，使學生身體客觀上受到痛苦或身心受到侵害之行為。例如，毆打、鞭打、打耳光、打手心、打臀部或責打身體其他部位等。

學生辱罵老師，老師固然氣憤，仍不可以此為理由「體罰」學生。

對於學生不當或違法的處罰，恐會構成體罰之外，同時也會構成刑事傷害罪、公然侮辱罪。發生這些情形是要通報主管教育行政機關的，教師有違法處罰學生之行為的話，學校甚至還應按情節輕重，依相關學校教師成績考核辦法或規定，予以申誡、記過、記大過或其他適當之懲處。所以，切勿讓體罰成為一種常態慣性，忽視體罰對學生所造成的後遺症。

Q2. 學生辱罵老師，老師可以提出刑事告訴保護自己？

刑法上的普通誹謗罪名，是指意圖散佈於眾，而指摘或傳述足以毀損他人名譽之事。至於另外的公然侮辱罪名，倘若僅抽象的公然為謾罵或嘲弄，並未指摘具體事實，而從事可能貶損他人社會評價之一切輕蔑人之行為，即使人難堪為目的之一切輕蔑人之行為，皆為侮辱。例如嘲弄、詈罵。本案例該名國小學童所發表的言論，及主觀發表意（例如學童頂嘴說「老師就是瞎子」發語），應以使人難堪為目的，並以言語、文字、圖畫或動作為不屑輕蔑或攻擊之意思，並且該行為已足以使其社會上所保持之人格或地位遭到貶損評價的話，就會成立「侮辱」。結論上來說，雖然設例中的國小女學童因未滿 14 歲不會被用刑法來處罰，但是如果滿 12 歲也可以用其他法律或規定令父母親加強管教輔導。

Part 3

校園內的法律界限

◎小美媽媽——除了愛女心切，也古道熱腸，常在社區裡走跳和其他媽媽們互動頻繁，時時交換教養心得。

◎王太太——和小美媽媽同一社區的鄰居；育有一兒－小明，和小美同齡。

當孩子不在自己的「視界範圍」裡時，兩位總是很愛操心的媽媽，面對校園事件裡的恐怖入侵者以及各項設施安全的隱憂、毒品的氾濫……如何能夠想出好方法，保護孩子的安全之餘，讓自己在家也能放心、安心。

專業責任：校規和教育部公告不同調，孰輕？孰重？

自教育部公告「學校不得將學生服裝儀容規定作為處罰依據」後，陸續傳出學生因穿便服到校被刁難事件。

一名彰化的黃姓中學學生在臉書 PO 文說，他因下課時跟同學玩，導致右手中指舊傷裂開流血，當時他沒有穿制服上衣，只著制服褲，便在跟老師報備之後到保健室消毒包紮傷口，但保健室人員在了解狀況之後，竟說他沒有穿學校制服校長會生氣，堅持要求他回去穿好制服才要處理他的傷口，當時他的手指還在流血，只好回教室，自己按壓止血。

新聞聊一聊

王太太家一口子跟小美家是街坊鄰居，因為小美跟王太太家兒子小明年紀相近，因此，兩位媽媽平常遇到總會閒話家常聊上幾句，還會彼此談到小孩子就學的情形。這一天，一如往常，王太太剛好在家門口巧遇小美的母親，終於忍不住抱怨道兒子在校園發生的不愉快……

「今天上班的時候，接到我家兒子學校班級導師來電，真是讓我感到一整天的運勢不順遂！」王太太不顧手邊提著剛從黃昏市場買回來的雞鴨魚肉，一看到小美媽媽就像是救星般開始宣洩一股怨氣。

「班級導師還特地打電話來。想必是小明在學校發生什麼緊急事啊？」小美媽媽立即答腔說著。

「小明的老師在電話裡就說要跟我再三確認，是否在家中有察覺到小明身體不舒服？」我應答說道，「沒錯，昨天晚上還帶他去看了醫生。」電話中我接著問老師，「為什麼特別打電話來確認？老師回答說，因為早自習時，我兒子就跟她說頭痛不舒服，想去保健室休息，雖然他戴著口罩，但她摸摸我兒子的頭，並沒有發燒，而且看他一大早來教室早自習的時候還跟同學有說有笑，似乎不大像是感冒生病的樣子啊！」王太太似乎還有許多話要吐露，於是還沒等到小美媽媽接話，又接著說：「午休時，我兒子又跟她說身體真的很難受，想請病假回家……老師怕他說謊裝病，所以打來跟我確認。我聽了之後，心裡才真是不舒服，老師是怎樣，覺得我兒子裝病嗎？好像他常常說謊騙人似的。」

「閩南話有講到『一樣人，百樣話』，或許這位老師她言下之意並不是質疑小孩子說謊，而應該說是這位老師一時心切以至於說話表達的方式讓人覺得不舒服。我想，王太太妳切莫鑽牛角尖才是。」小美媽媽安慰著說。

王太太似乎還是不太願意接受這樣的建議，一副怨氣未消說：「難不成，非要我兒子昏倒在教室裡，才要相信他是真的生病了嗎？昨晚就是燒到39度，我才帶他去看醫生的，小明可是我心頭的一塊肉，即便他在學校有比較好動調皮，倒不至是個壞學生，被老師做人格上的懷疑，甚至有意無意貼上標籤，真是令人有所不甘吶。」

小美媽媽說：「不過，這也難怪！現在的孩子很古靈精怪、『歪點子』很多，常常讓老師們搖頭興嘆的一堆，我還聽聞過曾經有學生假造爺爺往生的訃文，請喪假在家……真是令人啼笑皆非。所以啊妳也別氣了，也許老師當下表達有所不當。」

王太太態度稍微軟化說道：「是啦，老師小心是應該的，但若是真的因為疏忽造成孩子危害，那責任誰負？」

「這倒是真的，人生父母養，每個小孩都是父母親心頭一塊肉。我在電視上曾看過一則社會新聞：『一名2歲多小女孩在幼兒園裡因為身體不適狂哭，想站起來卻數度跌倒，甚至撞到遊戲器材最後跌倒在地，但老師來來去去，卻沒有上前安撫，只有上前擦拭她打翻的飯菜，甚至老師還說再哭，下午就沒有餅乾吃。卻沒有一個老師真正去關心那個小女孩到底怎麼了？等到老師們發現的時候，小女孩都已經昏迷了，送醫根本來不及。父母親氣憤地控訴園方未善盡照顧責任，業務過失傷害致死』。這場官司路有得走，現在打得怎麼樣都不知道。」小美媽媽頗有同感說道。

王太太附和說著：「是啊！好好的孩子送到學校，卻不能平安的回家，父母情何以堪！所以，做老師的真的要有相當警覺心，尤其，女童當時哭聲淒厲，應該是透露出求救、關心或是需要幫助的訊息，但教保員未即時處置？難脫照顧疏失之嫌！」

Q1. 保健室是否提供醫療，還要看學生服裝是否整齊或有無符合校規，這合理嗎？學校枉顧教育部的規定，而自以校規來執行，那麼學生該遵守校規還是教育部的規範？

校方不得枉顧教育部命令，不可以將學生服儀規定作為處罰依據。

設例中的情形，保健室人員見狀學校學生右手指裂開流血之後，告訴這名小朋友說他沒有穿學校制服校長會生氣，堅持要求他回去穿好制服才要處理他的傷口。乍聞之下理當覺得誇張又不合情理，實際上的確可能發生在現實生活當中，坦白說尤其是身處於官僚體系、學校行政系統裡，動輒發生，難怪乎有人開玩笑說：「計畫趕不上變化，變化趕不上長官一句話」。只不過，我們回到法治觀念來講的時候，這樣的謬論必須作一個釐清。法學概念上有一基本理論叫作「法位階理論」。大意是說，憲法、法律、命令構成一國內的法律體系。而法律體系，就是各法律規範或法規，在一定的法律原理下統一而組成的整體。憲法，規定國家基本組織和人民基本權利義，以及規定國家的重要制度，所以憲法是國家的根本大法，具有優越性和最高性。其次，從整體法律位階理論來說，下位規範不得牴觸上位規範，且下位規範則是源自於上位規範而訂定，位階高之上位規範，越為精簡且越為抽象（粗枝大葉），但效力最高，逐級而下為法律、命令，乃至於具體之執行與適用。因此說來，教育部既然公告了「學校不得將學生服裝儀容規定作為處罰依據」命令，受規範管制的學校機關必須遵循之外，校方根據授權所訂定的校規也不能夠逾越尺度範圍。即便有這樣的校規或校方命令，將是牴觸法規或命令而無效。

校方及教師不得以任何理由拒絕醫護處理。

學校是學生與教師活動的主要場域，也是眾人匯集之處所，因此很有可能發生各種事故。有包括學生事故、教育活動事故或學校設施事故等態樣。像是學生打掃擦玻璃不小心墜樓事件，類型上可歸為學校設施事故。而學生既然是教育權的主體，自然也有免於受學校事故侵害的防禦權（註 1）。因此之故，教師除應遵守法令履行聘約外，並負有積極維護學生受教之權益等義務，教師須保護學生最佳利益，特別照顧義務，防免學生受到傷害，也就是教育安全的注意義務。還有，教師以外的醫護（事）人員對於執行醫護業務知悉兒童或少年受有其他傷害本應當即時進行急救包紮必要醫護，嚴重的話甚至須要依《兒童及少年福利與權益保障法》24 小時內通報主管機關教育局，當然不能用任何理由拒絕作醫護處理。

Q2. 學校或老師若因判斷錯誤，延遲送醫治療而造成學生更嚴重的傷害，可以要求賠償嗎？若因疏失或致使孩子死亡，家長可以提出刑事告訴？

曾經發生過學生擦窗戶自高樓墜亡事故：（註 2）

甲、乙、丙、丁四人分任某國民中學校長、總務主任、總務處組長及某班導師職務，學生戊為導師丁班級之學生。戊於某日午休時間，補做早上未做之清潔工作。戊背部倚靠安全護欄，面向教室立於窗台，以抹布擦拭教室上方氣窗時，因靠牆一邊之安全護欄下緣處固定之不銹鋼釘鬆脫，以致上緣之固定不銹鋼釘承受不住戊身體重量倚靠而斷裂鬆脫，致戊身體後仰而墜落一樓地面，頸椎骨折，頸部及胸部氣腫，顱內出血，經送醫急救不治死亡。法院認為，甲、乙、丙三位行政人員重疊、累積之過失行為與導師丁之過失行為成為併行的競合，並與戊之死亡結果間有相當之因果關係。仍依刑法第 276 條第 2 項之業務上過失致死罪判處。

※註 1：許育典，學校法制與學校行政，元照出版，2014 年 6 月，頁 160-171。

※註 2：高等法院 86 年度上更（一）第 122 號判決，轉引自：〈老師，你也可以這樣做！〉一書，民間公民與法治教育基金會著，五南出版，頁 364-365。

校園安全亮紅燈：讓學生安全蒙上陰影的入侵者！

台北市一名男子某日下午闖入國小母校，隨機挑選一名小二女童，在廁所將她割喉，致使女童氣管、血管、肌肉遭割斷，倒臥血泊，一度無呼吸心跳，而這名喪心病狂的割喉魔犯案後竟冷血地洗完手，再自行報案「我殺人了！」

入侵男子被逮捕後向警方聲稱「晚上睡不好」，以為殺人後就可好好睡覺。被害女童經急救恢復生命跡象，但仍處昏迷狀態。

新聞聊一聊

王太太，有沒有聽說啊？

聽說什麼？

就在家長的 Line 群組裡有媽媽說，我們附近的學區有一所學校，今天中午居然遭一名校外人士闖入裸奔耶！

真的假的？也太可怕了吧！校門口不是都有警衛或保全守著，怎麼可能在光天化日之下讓不明人士闖入，還在校內裸奔，這第一道防線也太鬆散了吧！

是啊，聽說是一個年約 20 多歲的男子，好像精神狀況有問題，趁著學生餐車進入校園時跟著一起衝進校門的，幸好及時被學校的教官壓制，不然萬一進入校園，做出傷害學生的事，看該怎麼辦？這消息一傳出，學校師生還有家長都很恐慌。

一定的啊！雖然不是發生在我們孩子的學校裡，但聽到也是令人覺得可怕，孩子連在學校裡都不安全。

是呀！雖然教育部已經要求各學校要加強警衛、保全的教育訓練，確實掌握校園的進出安全，舉凡所有的教職人員或是來賓都需配戴識別證或穿背心，藉以確保孩子在校園裡的安全，但若是學校無法徹底執行防守安全界線的話，只要一個疏忽，那造成的後果真是不堪設想！我真的感到十分憂心。

其實，像這樣類似的案件也不是第一次發生了。我記得之前在台北市有一所學校也發生在一個下午，兩名女同學結伴去上廁所，其中一名同學在進入女廁後，從一間廁所門縫中瞥見，有一名黑衣男子手拿著鐮刀躲在廁所裡，嚇得那兩名女童趕緊換到另一處去上廁所。女童回到教室後也立刻向老師報告，但老師到廁所查看時並未看見那黑衣男子，校方檢視監視器畫面，也沒有發現。結果那名女童的媽媽認為校方態度不夠積極，所以才向媒體投訴，引起社會關注。

婦幼安全，人人有責！防患於未然，才是正道。尚且不是身為父母的小題大作，或為難學校，而是只要一想到孩子處在這樣令人擔心的環境裡，當然會提心吊膽啊，出了事，誰要負責，這種事情真是不怕一萬，只怕萬一呢。

妳說的極有道理！一定要告訴孩子們，遇到狀況，保持冷靜是不二法則，然後再馬上報告老師處理。

對了，讓孩子牢記「校園安全須知」也很重要，我前幾天才提醒過小美，分享給妳，妳也可以提醒一下妳家小明。

校園安全須知：

1. 不要單獨太早到校或太晚離校。
2. 在學校的作息時間應讓父母親友清楚瞭解。
3. 上廁所、到人少的校區時，要有同學相伴。
4. 在學校遇見沒見過或可疑的人時，儘速向校警、導師或訓導處報告。
5. 遇離職之教職員工有所邀約，切忌單獨赴約。
6. 在校園的上課、放學、午休等時間應配合學校之作習時間，避免落單。
7. 路過學校死角時，應提高警覺。

8. 注意是否有徘徊校園周圍的可疑人物。

Q1. 學校的第一道防線校門安全由警衛防護，如若學生在校期間，學校遭不速之客闖入，而致學生遭遇危險，學校所聘之警衛或保全公司有無法律責任呢？兩者的刑責會有差異嗎？

學校校園是提供學生及教師學習、教育活動的主要場域（道場），也常是下課之後提供給附近民眾跑步、運動、跳舞或公共集會匯集處所，當然，很有可能發生各種突發不可意料事故，有包括學生事故、教育活動事故或學校設施事故等等。國外大學高中校園經常發生重大槍擊案，屢見不鮮；國中小學則容易發生遭不明校外人士侵入後，地上留有許多垃圾，或是看似狗大便的穢物，黑板上則寫了一些不堪入目的髒話詞彙，甚至有不明人士趁隙從學校側門潛入，躲在校舍旁喝完手中的玻璃瓶裝飲料，然後敲碎瓶身再持碎片割腕。層出不窮的種種事件，確實令人感到不安。

有關於民事賠償責任部分，涉及到被害學生家屬能不能請求國家賠償問題。主要在於：

一、以學校作為公共設施的國家賠償：（註 1）

如若該所學校是公立學校的話，可以《國家賠償法》請求國家賠償損害責任。但是，萬一該所學校是私立學校之組織，學校設施設備例如教室、禮堂、圖書館、活動中心、走廊、樓梯、通道、護欄等等，並非是法律所規定的「公有」公共設施，因此目前法制上無法以私立學校作為公有公共設施的國家賠償，只能依循民法規定求償。

二、以私立學校設置派駐警衛保全（老師）作為國家賠償：（註2）

公立學校老師固然是行政機關之一環，屬於公務人員。私立學校或老師在學校實施教育行為之時，也是受託行使公權力的概念。本探討之重點在於老師有沒有怠於執行職務，也就是說，教師依法執行教師職務，是以保護學生為目的，包括上下課照護、上課時照護之職務等

舉例來說，如學校校長、總務主任、總務處組長等3名行政人員重疊累積之過失，再加上班導師職務上疏失，均是造成學生擦窗戶自高樓墜亡的原因。被害學生家屬應可依法請求國家賠償。

如果按照事例是因為校外不明人士趁隙入侵校園，導致校園學生受有死傷事故的話，因為學校派駐校警保全沒有盡到監督防止的義務，例如執勤時間打瞌睡、保全公司所負責設置的電子圍籬及監視系統卻又恰巧故障，沒能正常聲響通知警衛室發揮功能，或校園警衛、委外保全公司沒有按照合約及規定配置足夠人力執勤職務警戒，即有可能被認定職務上疏失，則需要負起國家賠償責任。

Q2. 大多的校園入侵者，皆聲稱有精神異常狀況，刑罰會因此減輕或特別不同處理方式？校方及教職人員應如何保護學生免於受害？

如若判定精神異常屬實，得以讓法官視狀況減輕或免除刑罰。

不可諱言大多數的校園入侵者，確實或多或少有精神狀況異常，或情緒控制不佳等狀況。類似這樣的狀況入侵校園造成侵害學童安全，或導致死傷，在法律上往往會作精神抗辯試圖讓法官減輕或免除刑罰。

當然這些抗辯主張本來就是法庭上的權益陳述，也是憲法所保障的人民基本訴訟權。只不過，最終要讓法院接受「買單」必須要符合法律的規定，也就是行為時因精神障礙或其他心智缺陷，致不能辨識其行為違法或欠缺依其辨識而行為能力，或者顯著減低者，不罰或得減輕其刑。實務上必須要提出精神科醫師的精神鑑定報告作為綜合評估參考。

加強教職人員及學生的校園安全意識，配合硬體防護設施，降低悲劇發生機率。

正所謂防患於未然，自從發生校園殺人社會事件之後，更強化了校園安全意識，各校也不遺餘力防範校園入侵綁架學生狀況演練（包括校園裡有不明人士入侵，如怪異男子侵入校園，騷擾上課中、上廁所的學生等等，請小朋友依照避難引導組人員及班導師指示，迅速跑回教室並緊閉。）

其中的作法當然也有需要改進之道，有民意代表即質疑及建議，國中小並沒有教官，歹徒入侵時，只能仰賴教職人員平時的訓練來防止傷害發生，然而現行的安全演練卻由學校主導，難以發揮訓練成果，教育局應持續辦理示範演練，並由警察局教授各種突發狀況的處理 SOP，如此才能使學童安全得到保障（註 3）。

例如可以多編列預算、利用科技設設施，透過校園通報系統，尤其配合使用智慧型電子防護圍籬系統，希望提升監視器軟、硬體功能，在外人入侵時主動通報。挑選圍牆較低或綠籬的 30 所學校，安裝電子圍籬，若有必要再搭配紅外線，紅外線圍籬設於圍牆上方 20、60 公分處，電子圍籬設於圍牆內側，配合地形劃設平面，構成雙道防護；當有外人入侵、連續觸動警戒範圍後，系統會將入侵者影像及警示聲響通知警衛室，還能同步傳送資訊至校方人員的手機等行動載具，並連線警察局。前提是，務必要確認電子圍籬及監視系統都能正常運作發揮功能，才能有效預防犯罪。

同時，各校也必須要與周邊社區、住戶保持良好互動，請學校的鄰居「雞婆」一點，幫忙觀察校園狀況，一旦發現有問題，能夠協助回報，找人處理。也不失為一個好方式。

※註 1：《國家賠償法》第 3 條第 1 項之規定，公有公共設施因設置或管理有欠缺，致人民生命、身體或財產受損害者，國家應負損害賠償責任。

※註 2：《國家賠償法》第 2 條第 1、2 項規定：「本法所稱公務員者，謂依法令從事於公務之人員。公務員於執行職務行使公權力時，因故意或過失不法侵害人民自由或權利者，國家應負損害賠償責任。公務員怠於執行職務，致人民自由或權利遭受損害者亦同。」

※註 3：資料來源：瀏覽自台北市議員王鴻薇部落格（http://blog.udn.com/wong2006/102825053）

03 學校設備：毀損校內公物，抗議有理？

某高中正在舉辦校慶時，不滿校方措施的學生在校慶紅布條上加掛白布條抗議，校方本視為稀鬆平常；但當校長致詞時學生竟破壞機電室門鎖，切斷電源，又不讓校務人員進入機電房，學校報警採證處理，於是「警察進校園帶走抗議學生」的傳言在校引發風波。但校方表示，當時是通知家長和警方一起進行了解，之後就讓學生離開了，因校方暫不提告毀損，所以並未帶走學生。

新聞聊一聊

「欸，小美媽媽，快點趕快打開T電視台看新聞SNG。」王太太一副焦急的模樣，告訴小美媽媽即時新聞。當然，王太太也是一位直腸子的人，凡遇到覺得不滿之事總是直腸子發出不平之鳴。今天，她就像是一位T台主播樣子，一邊走告消息，一邊不忘加入旁白：「妳看、妳看，唉喲～這群學生真是血氣方剛、太過熱血了吧，硬在校慶典禮上抗議！」「某校70周年校慶，不過典禮才剛開始麥克風就沒聲音，接著司令台兩旁竟然出現大大的白布，上面寫下「校方雖猖獗，OO魂不滅」的抗議字條……伴隨著學生的歡呼聲，但僅維持幾秒鐘的時間就被拆除，學生在校慶上抗議，不但切斷麥克風電源、還在校園懸掛白布條，校方認為機房被入侵因此報警，傳出有學生被警方帶走。」

小美媽媽似乎想要緩和一下帶有肅殺氛圍的尷尬局面，悠悠的開口：「的確，青少年畢竟血氣方剛，某些時候為了達到訴求目的而過於激進，即使出發點是對的，不但達不到要的結果，甚至有可能造成無法挽回的傷害呢，這群學生們可能在行動前真的欠考慮。」小美媽媽藉著機會再接著說：「前陣子不是也發生學生抗議學校辦音樂會的事件，但好像中間懷疑有特別的團體介入，所以造成不同立場的雙方有衝突發生，我看到影片上抗議學生一直被追著打的畫面，也好令人不捨。為什麼「抗議」不能理性訴求，總是一定要發生流血事件。

「言之有理！家事國事天下事，事事關心，大家應該回歸理性訴求才是正軌，透過公共輿論論壇，強化辯論，才是追求真理之道！不過我認為，校方也應該要正視檢討，或許學校有些作

為真是讓很多的學生都不滿，因此一定要重視學生的訴求，切莫再用以往官僚模頭的方式，罔顧他人意見，一意孤行；再者，學校是教育場所，校方請警方進入校園舉動，確實過於輕率，動用警察（權）非常不適當。」王太太稍加冷靜後也覺得事出必有因，凡不平則鳴，校方做法要與時俱進。

Q1. 學生未經校方同意，擅自動用學校公物（如廣播系統、電腦設備等），有無觸法？學生刻意破壞校方公物，須負什麼樣的罰責？

▌學生毀損公物（法定代理人跟未成年人）應負民事連帶賠償責任。

民主法治國家裡，無論人民或學生本來就有言論自由並且受到憲法上的保障，是無庸置疑的，問題是在於言論自由保障與其他自由、財產權益衝突的時候，哪一項權益必須優先受到保障，例如常見的是公眾人物的隱私領域，與電視媒體的報導、言論自由保障，孰為優先問題。不平則鳴，學生遇到不公義的待遇，就要發出不滿的呼聲，是法律保障的人權也是人之常情。早期，皆認為學生、軍人及公務人員權益在「特別權力關係」概念下，相關法律權利必須受到箝制及限縮的觀念須加以揚棄，這才是真正的法治民主國。

學生表達意見固然是言論自由所保障，但在抗議表達意見過程中逾越言論表達範疇時，例如未經校方同意，擅自動用學校公物（如廣播系統、電腦設備等）、有刻意破壞校方公物，查證證據確鑿的話，校方可以根據《學校訂定教師輔導與管教學生辦法注意事項》、高級中等以下學校教師輔導與管教學生辦法等規定獎懲學生。而且，根據教師輔導與管教學生辦法注意事項，學生毀損公物應負賠償責任時，由學校通知監護權人辦理（法定代理人跟未成年人可能將負起民事上連帶損害賠償責任）。

Q2. 警方可以進入校園帶走學生嗎？

警察人員未經校方同意，不得任意進入校園。

憲法上有一個概念就是所謂的大學自治，但不及於大學以外高級中學以下校園。正常民主國家中，大學校區管理自主也是大學自治具體保障的內容。在此，過去經常發生問題的是大學自治與警察權的關係。一般而言，最大的前提是，「校區秩序管理責任」在校方。其次，校方可自行判斷是否需要警方協助，警方須尊重校方決定。如依照題例所示，抗議學生是發生在某高中校園的話，並不是大學自治探討的範圍。

此處，所涉及的就是警察權在怎樣的適當時機介入校園安全與校園自治的問題。基於尊重校園自主及自治之精神，106 年間內政部警政署頒定《警察人員進入校園執法相關機制》（含發動時機、執法方式、授權層級、警力派遣、通報機制及新聞處理等）規定，警察人員未經校方同意，不得任意進入校園。

（一）發動時機：

1. 主動：偵辦校園內之刑事案件。
2. 被動：依校方請求，定時或不定時進入校園，協助巡查有無不法，以防制綁架或恐嚇等校園暴力事件。

（二）執法方式：

1. 基於尊重校園自主及自治之精神，警察人員未經校方同意，不得任意進入校園，故因偵辦校園內之刑事案件，而須主動進入校園前，應先行知會校方聯繫窗口（主任秘書或學務主任以上層級），取得校方同意，並於校方代表人員陪同下進行。

2. 警察人員進入校園執行搜索、扣押或拘捕等偵（調）查作為時，應注意程序上之正當性，並依比例原則之要求，以影響最少及損害最小之適當方式，審慎為之。

3. 警察人員進入校園辦理與學生或校園安全相關之案件時，應恪遵偵查不公開原則，審慎新聞處理，遇案情敏感時，應迅速並低調處理（如著便服、使用偵防車等），避免引發負面效應。

換句話說，從設例中題旨來講，案發當時該高中校長致詞時，發生抗議學生破壞機電室門鎖，切斷電源情況，且不讓校務人員進入機電房，警察依校方請求進入校園，協助巡查、以防制校園暴力事件，執法方式如有符合比例原則、程序正當性，應該沒有問題。

04 公共安全：多份小心，就能避免意外發生

放學打掃時，學生衝進辦公室：「張老師，張力民要跳樓！」沈默寡言的張力民在班上成績普通，是班上的乖乖牌，怎麼會想不開要跳樓？奔跑中，張老師腦筋一轉，「啊，愚人節還沒過完呢！」於是他假裝慌張拼命跑回教室，只見張力民正跨在窗台護欄上，同學都圍在窗邊不敢靠近。

老師一到，眼角餘光有瞄到樓下有人在跟張力民招手，張老師勸道：「張力民趕緊下來吧！這樣坐在窗台上很危險，這裡是三樓不是一樓！」但話剛一說完，只聽到驚叫聲，張力民已墜樓，倒臥在血泊中。

新聞聊一聊

王太太，小明還好吧？我剛聽小美回來說嚇了一跳呢！

還好第一時間保健室有立刻處理，我們趕到醫院時，醫生正在幫他做包紮了，不過，接到學校電話說小明在學校受傷時，真是嚇死我了，心臟都快要跳出來了！還好沒什麼大礙，不然若出事，看該怎麼辦才好。

擔心受怕是一定的，孩子都是我們的心頭肉啊！但是，小明出意外，學校有沒有說什麼？畢竟小明是在學校受傷的。

有啦，學校說，受傷期間的醫藥費會全部負責。小明的體育老師看到我也一直道歉，說是她的疏忽！在上體育課時，不知道球飛進了操場另一邊的施工處，才沒發現小明跑進工地去撿球，沒想到，一個不注意，小明整個腳掌就踩進一塊木板上的釘子，整個刺穿了，小明自己痛到大哭，老師是聽到哭聲趕緊跑過去，才知道出事了。

操場施工，學校沒有立牌警戒，或是把施工的地方圍起來，提醒小朋友這裡危險嗎？

聽說因為施工範圍不大，又離學生會使用到的地方很遠，所以沒有特別設立標誌，只有提醒老師在上課時要注意學生安全。

那就難怪了！學校對小明的受傷，也有責任吧？

一方面是學校沒有做好防範措施；另一方面，也可能是我們家小明真的太皮了，好像同學本來叫他不要過去撿球，他就偏要去撿才會出事的。等他好起來，我非得好好說他一頓不可。

校園設施安全真的是該好好教育孩子們。像以前曾發生過的學校鐵捲門意外事件，每回想到都讓我頭皮發麻，學校即使賠再多錢也沒用。所以，除了學校要特別注意設施安全，避免可預防的意外發生之外，孩子學會保護自己，遠離危險，也是非常重要的！

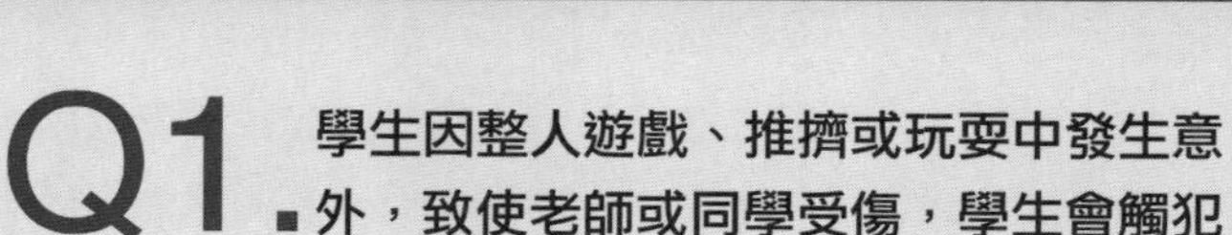

Q1. 學生因整人遊戲、推擠或玩耍中發生意外，致使老師或同學受傷，學生會觸犯法律嗎？

學生此行為已觸法，如若未成年，家長須負起民事連帶損害賠償責任。

我們每一個人都應盡其所能防免侵犯別人權益的注意義務。否則，就會由法律介入調和彼此之間的權利義務關係，令加害者負起賠償責任，填補被害人損害，預防意外危害的發生。

根據《民法》之規定，未成年人，不法侵害他人之權利時，以行為時有識別能力為限，與其法定代理人連帶負損害賠償責任。除非法定代理人（父母親）要舉反證證明其監督、管教並沒有疏懈，或已經加以相當之監督，但仍無法避免發生損害者，才不需負賠償責任。這一條法律規定的特殊性在於：法律上規定對於法定代理人（父母親）侵權行為責任，並且推定「監督過失」及推定「監督過失與損害發生」之因果關係。在這種被法律「推定」監督過失的情形下，未成年人的父母親須要「舉證（反證）」說明自身有善盡適宜的監督管教，才能免責。

從而，如若是未滿 20 歲的未成年學生，因出於開玩笑或整人原因，意外造成老師或同學受傷的話，除了犯錯的學生要負責之外，學生家長也須負起民事上連帶損害賠償責任。

犯錯的學生疏於注意導致傷害他人的身體或健康，有刑法上的過失傷害罪責。

（一）學校及老師對於法律所規定情形，應有通報之義務：

根據法律之規定，醫事人員、社會工作人員、教育人員、保育人員、警察、司法人員、村（里）幹事及其他執行兒童及少年福利業務人員，於執行業務時知悉兒童及少年有法律所規定之情形之一，例如施用毒品、非法施用管制藥品或其他有害身心健康之物質、兒童及少年未受適當之養育或照顧等情形，應立即向直轄市、縣（市）主管機關通報，至遲不得超過 24 小時（註 1）。違反該條之規定而無正當理由者，處新臺幣 6 千元以上 3 萬元以下罰鍰。然則，上述案例所示的過失傷害他人身體或健康的情況，並沒有包括在要求學校或老師通報的義務範圍之內。

（二）「得」移送少年法庭處理：

根據「輔導與管教學生辦法注意事項」之規定，如有管教無效或學生明顯不服管教，情況急迫，明顯妨害現場活動時，教師得要求學務處（訓導處）或輔導處（室）派員協助，將學生帶離現場。必要時，得強制帶離，並得尋求校外相關機構協助處理。例如兒少福利機構、少年輔導單位、警政及司法單位，或移送少年法庭處理。

綜合以上，學生純粹出自於好奇、好玩整人遊戲、推擠或玩耍，意外致使老師或同學受傷，從法的角度分析，主要涉及到犯錯的學生要負起責任之外，通常是學生家長也須負起民事上連帶損害賠償責任。同時，疏於注意導致傷害他人的身體或健康，雖然構成刑法上的普通傷害罪，程序上會是以少年事件處理法作訓誡或保護管束處理，給懵懂未知的學生機會遷善改過。

Q2. 學校的公共設施、遊戲器材引起學生傷害，校方需不需要負責任？除了要求校方及校方人員賠償外，還可以聲請國賠嗎？

有關於學校的公共設施遊戲引起學生傷害，在民事賠償責任部分，涉及到被害學生家屬能不能請求國家賠償問題。主要在於：

一、以學校作為公共設施的國家賠償：（註2）

如若該所學校如果是公立學校的話，可以《國家賠償法》請求國家賠償損害責任。但是，萬一該所學校是私立學校之組織，學校設施設備，例如教室、禮堂、圖書館、活動中心、走廊、樓梯、通道、護欄等等，並非是法律所規定的「公有」公共設施，因此目前法制上無法以私立學校作為公有公共設施的國家賠償，只能依循民法規定求償。

二、以私立學校老師作為國家賠償：（註3）

公立學校老師固然是行政機關之一環，屬於公務人員。私立學校老師在學校實施教育行為之時，也是受託行使公權力的概念。本探討之重點在於老師有沒有怠於執行職務，也就是說，教師依法執行教師職務，是以保護學生為目的，包括上下課照護、上課時照護之職務等，舉例來說，如學校校長、總務主任、總務處組長等3名行政人員重疊累積之過失，再加上班導師職務上疏失，均是造成學生使用遊戲設施玩耍的原因。被害學生家屬應可依法請求國家賠償。

※註1：《兒童及少年福利與權益保障法》第53條第1項及第100條之規定。

※註2：《國家賠償法》第3條第1項之規定，公有公共設施因設置或管理有欠缺，致人民生命、身體或財產受損害者，國家應負損害賠償責任。

※註3：《國家賠償法》第2條第1、2項規定：「本法所稱公務員者，謂依法令從事於公務之人員。公務員於執行職務行使公權力時，因故意或過失不法侵害人民自由或權利者，國家應負損害賠償責任。公務員怠於執行職務，致人民自由或權利遭受損害者亦同。」

校園偷竊：縱算是傘，不告自取便是偷！？

正就讀台大3年級的黃姓大學生，和學長一起到圖書館還書，走出圖書館後發現原本放在傘櫃的雨傘不見了 ，二人事後調閱監視器畫面，監視器拍到有兩個女生分頭在傘櫃裡搜尋雨傘，不僅各自挑選喜歡的一把拿走之外，事後還刻意回頭對著監視器笑。於是黃姓大學生尋線找人，在查明偷傘賊的身份後，沒想到兩人竟都是同校法研所的學姊，黃姓大學生認為二女是讀法律的，應該知道侵占屬於公訴罪，竟明知故犯！決定不考慮和解，堅持對學姐提出告訴，要走法律途徑爭取正義。

新聞聊一聊

欸，王太太，聽說社區對面的百貨店在打折，要不要一起去看看？

好啊，我先把單車牽回家，等我一下。

不用啦，就先停在我家門口就好了啊，反正時間不會太久。

不行啦，上次車剛買回來的時候，我就是貪方便，想說社區裡都是老鄰居了，不會有人偷車的，所以就停在里長伯家門口，結果才一下子時間，我就找不到我的單車了。當準備要報警處理時，看到里長伯的孫子從遠方笑嘻嘻的騎回來，還跟我說：「王阿姨，這單車是妳的哦？好好騎哦！」當時我還真傻眼不知道要怎樣接話。但他倒是當場被里長伯訓斥了一頓說：「不問自取便是偷！」還要他道歉呢！我也就不好再說什麼了。

還好妳還沒報警，不然，里長的孫子應該就真的會被當小偷來處理了吧。

我也不清楚若真報了警，是不是就真的成了竊盜案？里長的孫子是說，他剛好要出門去附近買東西，看到家門口停了一台單車，但又沒看到單車主人，想說騎出去一下應該沒關係，只是借用，不是偷。

啊！我突然想起來了，我老公曾跟我提過，他們以前念的大學可說是世外桃源，遠在烏山頭水庫裡面，而且考量到選修的課

程不一樣，造成某些時間上課跟下課還在不同大樓，校地幅員廣大，頗為不便，簡直可以用「當學生沒有電腦就如同沒腦袋，沒有代步機車，猶如沒有腳」形容。所以他在宿舍放了一臺摩托車，為了方便幾乎從不上鎖，於是常常同學或同寢室的人有事就騎走，有時連知會一聲都沒有。有一次，他要騎車又找不到車，怎麼問都沒有人知道誰騎走了，當時以為真的被偷走了，他只好報警請警方處理，沒想到，警察才一來學校，就看見他隔壁班的同學推著他的車子走過來，原來是騎到一半車子沒有油，那同學只好一路推回來，時間才因此拖久了很久，讓我老公誤以為心愛的機車不見了，虛驚一場！最後還必須請警察銷案處理。

我想這情形在校園、捷運周遭也常常發生吧？我前陣子偶然看到一個詞叫做「使用竊盜」，像這種借傘、借單車或借筆電等不問自取的狀況，似乎很有可能在無意中觸法。就不知道若真要依法追究，會不會一個不小心就被當賊來辦了呢？找機會要跟我們家小明機會教育，他那麼好動調皮，深怕哪一天貪圖方便反被法辦，那可就麻煩了。

好啦！那妳趕快把車先騎回家吧！我在這裡等妳，速去速回哦。

連律師小學堂

Q1 即使雨傘、單車，順手自行取用，有沒有觸法？惡作劇或因玩笑藏起同學物品，有沒有觸法？

自行取用他人物品，占為己有，構成竊盜罪。

依《刑法》第 320 條規定，竊取他人的動產為竊盜罪，竊佔他人不動產，依竊盜罪處斷（註 1）。以竊盜罪來說明，竊盜行為除了指違背他人意思並且就他人對動產持有狀態改變重新建立支配管領之行為。此外，法律還要求必須具備不法所有的意圖。指的是，要有占為己有己用的主觀意思。例如同學之間因為好奇玩耍、惡作劇或因玩笑藏起同學鉛筆文具、物品，並沒有要有要拿來占為己有己用的主觀意思，因此也不會觸犯竊盜罪。2008 年開站的開心農場，當時造成一股轟動，很多人時時在電腦前守著虛擬作物成長、「偷拔別人的作物」，也不會構成竊盜罪。但是，如果真的在現實生活中到溪畔偷摘農民種植的大片青蔥、馬鈴薯及高麗菜等，就會構成竊盜罪。

「使用竊盜」欠缺據為己有的意圖，不成立竊盜罪。

另有一種「使用竊盜」的情形，就不能算是刑法上的竊盜。行為者只是因暫時使用而取走他人的動產行為，但並非本於「不法所有意圖」，例如常見的就是傾盆大雨沒有攜帶雨傘，於是暫時先借用門外的雨傘；或者校園裡擅自騎走其他同學的腳踏車到別處上課，比較像（目前法律實務見解）是「使用竊盜」，屬於民事上的不當得利，應償還相當於租金或使用對價。所以，由案情研析，學生之間無論是出自於惡作劇或其他動機而在未經同意下取走物品、手機，他不是打算日後要持續占有或拿去變賣，只是玩笑式地偷藏，這樣並不算刑法的竊盜行為。

不過，剛提到的校園裡擅自騎走其他同學的腳踏車到別處上課，還有偷竊腳踏車代步，經警查獲送辦，檢察官認為是偷車代步，事後將車歸還，無取得意圖，屬於「使用竊盜」；經常在深夜偷走鄰居的機車出外玩耍作樂，之後再將機車放回原處，地檢署認為他「沒有據為己有意圖」，裁定不起訴處分。雖然檢察官就法論法，不能說這樣的裁定有錯誤，但跟人民的法感情有極大差距，違背社會觀感，也難怪這種近乎法匠的機械式法條主義常被社會大眾詬病，確有修法的空間。

Q2. 被害人報警或提告之後，可以在雙方和解之後撤告嗎？

舉例來講，像是最為台灣效法的對象德國，該國對使用竊盜罪是有處罰的，但並非針對所有物品，僅限於汽車、自行車，規定「違背汽車或自行車所有人意願，擅自使用者，處 3 年以下自由刑或罰金，且須告訴乃論」。告訴乃論之罪，只要雙方和解後撤告的話，法院就不能夠繼續追究刑責。

隨著網上遊戲世界也有金錢財富或代幣，現時出現了虛擬大賊，專門利用木馬程式等電腦病毒，入侵玩家的帳戶，然後「盜取」他們的代幣或黃金財富，再轉售圖利，從法律要件及罪名分析不叫做竊盜罪，可能構成所謂的詐欺電腦設備得利等罪名。

※註 1：《刑法》第 320 條第 1 項規定：「意圖為自己或第三人不法之所有，而竊取他人之動產者，為竊盜罪，處五年以下有期徒刑、拘役或五百元以下罰金。」

私設刑堂：知錯能改，立據為證？

案例 1

新竹有光華國中生跳樓自殺，自殺前在學務處待了一個早上，生教組長陪同下寫了三份自述書。

案例 2

有個國中生從學校三樓一躍而下，他的書包裡頭有學校主任要他拿回去給爸爸簽名的自述書。

案例 3

98 年 3 月新北市恆毅中學國二生被老師懷疑作弊，要他反省寫自述表，但該生不承認作弊，當天晚上該生發了簡訊給導師之後，隔天在房間燒炭自殺。

新聞聊一聊

某天一個大雨剛過後的中午，小美媽媽在校門口耳尖的聽到王太太說著：「如果是真的，那父母親真的要去學校反應了……」於是，好奇心的驅使下，直接了當地開口詢問事件的來龍去脈。

王太太娓娓道來：「方才，我等著接小明的時候，他們班上一個同學的媽媽在哭訴自己的孩子在學校遭到老師不公平對待的事情。她還質疑說學校不是常教孩子「知錯能改，善莫大焉」嗎？原來她有個國二的兒子，在學校因故跟老師頂嘴，說話口氣不好，而被老師硬帶去交給教官處理。結果，孩子跟教官解釋不是故意頂撞老師，是老師一直不聽他解釋而產生誤會，但若讓老師不舒服，他願意道歉！可是教官仍堅持口頭道歉不夠，必須寫悔過書表示真心懺悔，也留下證據以資證明。但她兒子覺得他的態度並沒有那麼嚴重，而且是老師冤枉他在先，堅持不肯寫悔過書，結果教官不僅辱罵他，還恐嚇若不寫就不准回家還要記過處分。後來，因為孩子超過時間還沒有回家，媽媽去學校找小孩才發現這件事。當下她真的氣自己的小孩怎麼那麼不懂事，但後來才知道孩子受了委曲，很是心疼。」

小美媽媽恍然大悟，並說道：「嗯，也難怪，天下父母心！不過，現在還有在要求寫「悔過書、自白書」這樣的事情啊？我以為是我們那個年代才會發生的事呢！」

「這無異是戒嚴時代復辟，把以前那套刑事刑求、問供辦案手法移植到青春校園，還屢見不鮮。之前新聞就有報導過也是一名國中女生，疑似誤解老師的話，以為老師用言語污辱媽媽，於是跟老師發生衝突，老師要她寫悔過書，沒想到她在悔過書

裡留下遺言，就跳樓自殺了。」王太太答腔。

「哇～這麼嚴重！老師的心情該是多麼沈重，」小美媽媽面露驚訝。「現在的孩子怎麼都這麼衝動啊？」

「從腦神經科學研究，10-25 歲青春期孩子的大腦神經網絡重組，自我控制系統較弱，心思比較敏感，激動或心情低落時，很容易就會想偏被激怒的。更何況，有些學校竟把《學校訂定教師輔導與管教學生辦法注意事項》有關於教師可採取要求口頭道歉或書面自省的管教措施規定，當作要疑似犯錯學生寫悔過書的根據……」王太太早已經有所涉獵般提出自己鏗鏘有力的見地。

小美媽媽附和道：「我非常贊同王太太您的看法，身為教育者應該以全新的眼光看待青少年，尤其是正值青春期的青少年，要大幅改變教導方式，協助培養青少年高度自制力。學習中的孩子有沒有做錯事，前提就是一個疑問了，竟然用以前警察辦案手段對付被懷疑的學生！即便是學生真的做錯了，願意誠心認錯道歉，不就好了嗎？怎能一定要他們寫悔過書，還要拿回去給家長簽名擔保呢？實在矯枉過正了。」

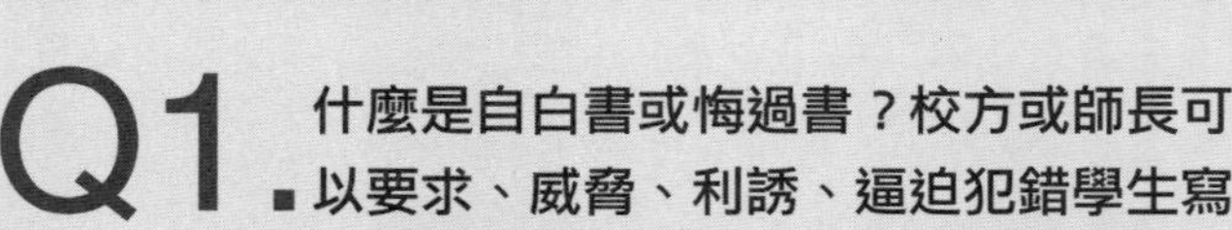

Q1. 什麼是自白書或悔過書？校方或師長可以要求、威脅、利誘、逼迫犯錯學生寫自白書或悔過書嗎？學生有權拒絕嗎？

▍根據抽樣調查，有 9 成國中會要求犯事學生使用自述書或其他制式文件自陳過錯。

古言云，人非聖賢，孰人無過；知錯能改，善莫大焉。在現實社會或青春校園裡頭，果真皆如此這般嗎？近年來，發生好幾起學生自戕、跳樓自殺事件，深究之下竟然是因為校方人員輔導管教要求犯錯的學生要簽立黑字白紙的「自述書（表）」，甚至要學生拿回去給爸媽簽名的自述書。

到底，什麼是自白書或悔過書？果真對於學校管教、輔導學生方式，有如此重要程度到了要比照成人世界的刑事犯罪偵查，無論如何要取得學生書面的「口供」嗎？

根據民間團體所做的抽樣調查，結果發現有 9 成國中會使用自述書或其他制式文件讓犯錯的學生自陳事發經過、要求學生放棄申訴程序，或列明「或造假或偽證，加重處分」。這種學校老師、家長，甚至學生們可能都已經習以為常不以為意的書面，其實內含著特別權力關係思想附著，更是警察時代思維的復辟！只是，我們都沒有自覺罷了。

若事實明確，校方或師長可合理要求學生口頭道歉或書面自省。

根據教育部頒訂的《學校訂定教師輔導與管教學生辦法注意事項》第 22 點第 1 項第 4 款，有關於教師之一般管教措施規定，教師得採取「要求口頭道歉或書面自省」的管教措施。

「書面自省」雖然明定教師可以採取之一般管教措施，但是前提是：必須在事實明確之後的管教手段，絕對不可以把它當作是事實未明朗、或學生被老師懷疑作弊、說謊之下，作為一種調查的手段或懲處的依據。然而，學校輔導管教的問題在於，學校校方一旦懷疑學生犯錯就可以要求學生寫自述書（表）當作普遍常見作法，這無疑是嚴重侵犯學生人權，造成青少年一輩子心理陰影，甚至造成學生跳樓（燒炭）自殺不幸事件。完全跟教師輔導與管教學生是要透過正當、合理且符合教育目的之方式，達到積極正向協助、教育、輔導學生之目的背道而馳。

學生若僅疑似犯錯但無實證，校方或師長不得要求學生寫自白書或悔過書，更不得要求學生家長簽名。

要知道，從公民法治教育或人權角度來說，即便一個「人」涉嫌犯罪，根據刑事訴訟法的規定，訊問被告應先告知：犯罪嫌疑及所犯所有罪名、得保持緘默，無須違背自己之意思而為陳述、得選任辯護人（辯護律師），及得請求調查有利之證據等事項。此外，訊問被告應出以懇切之態度，不得用強暴、脅迫、利誘、詐欺、疲勞訊問或其他不正之方法等等正當法律程序的基本規定。更何況，被告的「自白」，非出於強暴、脅迫、利誘、詐欺、疲勞訊問、違法羈押或其他不正之方法，且與事實相符為前提要件，才可以當作刑事審判的證據。

以上種種，舉重以明輕，更遑論是一個在校園學習的孩童他可能只是被老師或同學懷疑考試作弊、偷東西或霸占溜滑梯情形下，怎能用言語恫嚇、強逼學生書寫「行為自述書」、「悔過書」作為輔導管教的常用手段。

Q2. 威脅、利誘、逼迫犯了錯學生寫自白書或悔過書（不承認會送去少年法庭、送警局作筆錄、把你媽媽圍起來罵到哭……），因而造成學生自戕或跳樓自殺，校方相關人員有何必須追究的法律責任？

事實未明朗前逼迫學生寫自白書或悔過書，嚴重違反正當法律程序。

《學校訂定教師輔導與管教學生辦法注意事項》第22點第1項第4款雖然明定教師可以採取「書面自省」之一般管教措施，但前提要件是：必須在事實明確之後的管教手段，絕不可以把它當作是事實未明朗、或學生被老師懷疑作弊、說謊之下，作為一種調查的手段或懲處的依據。

非常遺憾的是，這種例外的輔導管教手段往往被當作是常見的調查及懲處學生的原則，嚴重違反正當法律程序。即便兒童及少年接受訪談、偵訊、訊問或身體檢查，依兒童及少年福利與權益保障法也應由社會工作人員陪同，並保護其隱私。不可諱言的是，身處在科技世代的孩子接觸資訊快速又繁雜，當然也變得非常地聰明過人，校園裡的每一個學生代表著每一個不同的原生家庭出來的孩子。從法律究責的角度來講，校方相關人員，例如教師、生教組或訓導處在輔導管教涉嫌犯錯的學生，應該記取教訓不可以利用各種手段，威脅、利誘、逼迫犯了錯學生寫自白書或悔過書（不承認會送去少年法庭、送警局作筆錄、把你媽媽圍起來罵到哭……）作為調查手段或懲處依據，教育部頒訂的《學校訂定教師輔導與管教學生辦法注意事項》「書面自省」須作檢討修訂，以及各個學校的輔導管教機制流程必須重新檢討，重新看待孩子「犯錯」的教育意義，讓專業的輔導功能在校園裡發揮功能。

不當輔導造成學生自戕，校方相關人員無法推責。

假若因為不正當的輔導管教程序造成學生自戕受傷或跳樓自殺，校方相關人員恐怕無法自恃教育部頒訂的行政命令卸責，而可能必須負起刑事業務過失，及國家賠償責任，不可不慎。

Part 4 親子間的法律界限

◎佩佩——父母離異，跟著媽媽和一位酗酒的叔叔同住；經濟弱勢、家庭打罵，心靈總是充滿不安與恐懼。

◎輔導老師——學校裡的心理輔導老師，對於佩佩的個案十分同情，總是適時地給予關心、輔導及幫助。

身處在父母經濟不穩定及充滿暴力、沒有愛的家庭環境裡，佩佩心裡總是充滿了不安！到底父母什麼樣的行為即是越界觸法？輔導老師又如何幫助佩佩走出家庭陰霾，保護佩佩不受父母傷害呢？

法律之外：家裡沒熱水，老爸為愛鋌而走險

台中市打零工維生的陳姓男子，育有兩名就讀國小三年級的雙胞胎兒子，因沒有專長，平日只能靠打零工勉強過活，又因躲債從南投逃到台中，收到更不穩定。過年前夕，寒流來襲，家中沒錢叫瓦斯，一家人已經很多天沒洗澡，而且兒子不斷喊餓，雖然家裡有泡麵，但沒熱水，於是臨時起意，隨手偷走了麵攤的一桶瓦斯。麵店老闆事後沒有報案，只是在現場貼上「瓦斯用完，空桶請還我」的告示，希望男子有點良心，歸還空瓦斯桶。陳妻事後不斷斥責丈夫，陳姓男子也相當後悔，於是主動投案。但因竊盜屬公訴罪，陳姓男子仍被函辦。

新聞聊一聊

佩佩，怎麼悶悶不樂的呀！今天在學校不開心嗎？這陣子家裡的情況還好嗎？

老師，我昨天跟媽媽嘔氣了，因為我實在是太生氣，忍不住就大聲頂嘴了。

發生什麼事？我想媽媽會生氣，妳又頂嘴，一定是有原因的。

我沒有做錯！只是因為開學了，學校要我們每個人繳一千元的班費，我回去跟媽媽說了好多次，媽媽一直說：「好，我知道。」「好，過兩天。」……但已經都過了一個禮拜，媽媽還是沒有給我一千塊錢繳班費，老師又一直催我，昨天還特別在全班面前叫我站起來，跟我說全班只剩我沒有繳班費，叫我明天一定要繳，我真是覺得又丟臉又生氣。回去跟媽媽說，老師叫我明天一定要繳錢了。結果媽媽說：「可以跟老師說我們不要繳嗎？為什麼一定要繳班費？班費是要幹嘛用的？我沒有錢啦，要就妳自己跟妳叔叔要。」我回她：「才一千塊，為什麼沒有？為什麼我們家這麼窮！妳這樣真的讓我在學校很丟臉耶。」媽媽竟回我說：「不然妳是要我去搶哦？就像電視新聞裡那個搶超商的爸爸哦，為了不讓女兒餓肚子，所以去搶錢被抓去關……妳是要逼我也這樣是不是？」聽得我又生氣又難過。

哦～難怪妳這麼不開心，原來是為了班費。奇怪耶，明明教育部已經明文規定不能再以任何名目跟學生收取班費，但還是很多學校照常收，而且金額懸殊很大，也確實讓很多收入有限的家庭很困擾。佩佩，別難過，不是只有妳遇到這樣的問題，老師也曾經遇到學生有類似的問題，媽媽一定是真的有困難，有時候也要多體諒一下父母的辛苦。

讓我最難過的是，今天我去上學，老師見我沒繳錢又把我叫起來問，班上同學都笑我。

妳先不要那麼難過了，老師會先去跟媽媽了解一下家裡的情況，然後再去妳班上跟導師溝通看看怎麼處理會比較圓滿哦！

連律師小學堂

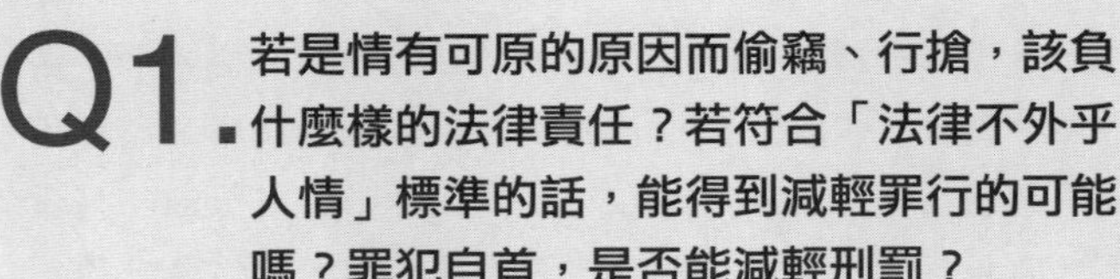

Q1. 若是情有可原的原因而偷竊、行搶，該負什麼樣的法律責任？若符合「法律不外乎人情」標準的話，能得到減輕罪行的可能嗎？罪犯自首，是否能減輕刑罰？

「竊盜罪」最重可處5年以下有期徒刑：

依據中華民國刑法規定，意圖為自己或第三人不法之所有，而竊取他人之動產者，為竊盜罪，最重可處5年以下有期徒刑。意圖為自己或第三人不法之所有，而搶奪他人之動產者，為搶奪罪，最重也可處5年以下有期徒刑。判刑前須經歷兩個階段：

第一階段「論罪」

經過法官依法律程序審理，罪證確鑿的話，那麼在這一個階段就叫做「論罪」，也就是，法官根據所謂的罪刑法定原則，按照法律所明定的竊盜罪、搶奪罪各項法律要件審理，而且全部構成後，被告才會成立竊盜、搶奪犯罪。例如，設例中的爸爸眼見家裡有泡麵，但沒熱水，於是臨時起意，隨手偷走了麵攤的一桶瓦斯，構成竊盜罪。

第二階段「科刑」

當法官認定被告（犯罪嫌疑人）已經構成刑事犯罪（名）的時候，接下來就是根據犯罪的各項情狀、綜合斟酌作為量刑的根據。例如刑法也有規定到，科刑時應以行為人之責任為基礎，並審酌一切情狀，尤應注意（例如犯罪之動機、目的；犯罪時所受之刺激；犯罪之手段；犯罪行為人之智識程度；犯罪行為人與被害人之關係；犯罪後之態度）等等事項，為科刑輕重之標準。

舉例來說，像是之前有一件令人鼻酸的社會新聞（註1）：78 歲的劉姓老翁因受病痛折磨，2016 年 8 月 8 日，劉妻（79 歲）拿菜刀朝丈夫砍了 15 刀，劉喪命。桃園地院一審依家暴殺人罪判劉妻 5 年徒刑，高等法院則改判為 2 年 6 月徒刑。其中曲折是，高院認為劉妻雖殺夫 15 刀，但她教育程度不高，行凶時辨識行為違法能力下降，犯罪手法也不是要刻意造成死者的痛苦。她雖犯殺人重罪，但高院認為劉妻生命宛如「風中殘燭」，犯罪動機除解除自己身心的沈重壓力外，丈夫也確有因病拖累家人、自己因病不中用等抱怨而厭世，可能也是想「解脫」老公的病痛。

▌「自首」與「投案」的判定依據：

至於「自首」，刑法也有規定，對於未發覺之罪自首而受裁判者，「得」減輕其刑。但有特別規定者，依其規定。換句話說，罪犯自首，必須符合法律規定對於未發覺之罪自首而受裁判，法官將來在量刑時，是可以減輕其刑度的。例如，上述社會新聞事件報導，劉姓老翁被殺了後，妻子卻向警方稱有名男子闖入家門，劈頭問「妳家有沒有錢？」，她答「沒錢」後即逃到屋後，半小時後回家查看，發現丈夫倒臥在血泊中。但警方調閱監視器，卻沒發現可疑人士蹤影，且現場無打鬥痕跡，家屬也沒在第一時間報案，疑點重重。死者頭七時，劉妻向家人坦承是因劉久病厭世，求她幫忙結束生命，她才行凶；所以這名劉妻事後是「投案」但不是自首。

Q2. 教育部統一規定中小學班級費已不能再由學校統一收取代辦（含班級費，班費），學校仍自行加收班費，合法嗎？「班費」一定要繳嗎？收費標準？

一、學校代收代辦費遭糾正後，教育部統一規定中小學班級費已不能再由學校統一收取代辦。

全國中小學，學校代收代辦費遭監察院糾正後，教育部統一規定中小學只能收「教科書籍費、住宿費、家長會費、學生團體保險費及午餐費」五項代收代辦費；也就是說，今後各校不能再收的代收代辦費包括：電腦設備維護及管理費、游泳池水電及管理費、班級費、蒸飯費、齲齒防治費及學生活動費。像是這些各項不能收的費用，要先由學校自行從公費中支應，學校有困難就由縣市政府支應。如果學校還是有多收其他費用情事，民眾可向教育部檢舉，要求改正。

二、重點在教育部規定是指，中小學班級費不能再由學校統一收取代辦，但意思不是說各班就不能收取任何班費！

班費主要分兩種，一種是在註冊單上每學期50元的「班級自治費」：供學校週會及班會等自治活動之用，由學校列帳保管運用。第二種是各班私下收取的「班級經營費」：供各班環境佈置及競賽活動等班級經營之用，經費支用須符合教育政策法令，且應由班級學生家長會以公正、公開之程序決議，報經學校核定後，始得收費，並應由班級學生家長會切實開立收據。但低收入戶學生可以免繳（註2）。

因此，各班級實際上一定仍有收取班費的需求，建議各班級任導師：首先，應於學校日召開班親會時提案，說明班級經營的需求，討論後決議，再來就是，班費收取金額以及方式。班費收取金額的決定，宜由家長、教師就班級需求規劃繳交，但應事先充分溝通，用途、項目及帳目要完全公開，尤其要顧及少數經濟弱勢家庭的能力。收取的方式，通常也會有熱心的班級家長代表到校（班級）收取，班級家長會應於每學期末將結餘款平均退還家長，免繳者免退。

※註1：資料來源：2018年1月31日聯合報記者王宏舜報導。

※註2：資料來源：台北市政府教育局官網（https://www.gov.taipei/News_Content.aspx?n=EEC70A4186D4C828&sms=87415A8B9CE81B16&s=2A1EDA3BE797D847）、臺北市公私立高級中等學校收取學生費用辦法、臺北市公私立國民小學及國民中學雜費及代收代辦費收支辦法。

管教守則：天下無不是的父母？

案例 1

一名三十九歲的何姓男子只因為不滿四歲的女兒總是尿褲子、無故哭鬧，就動手施虐，竟不時用雞毛撢子猛打她的頭部、四肢、臀部，造成她身上多處瘀青受傷，連續一個月下來，最後打到失去意識，導致女兒頭部受創變成植物人。社會局緊急將女童安置，並對女童父母都提告，雖然媽媽沒有動手，但卻全程目擊，沒有制止，視為共犯。

案例 2

新北市葉姓男子帶一家人到花蓮玩，在一家海鮮餐廳用餐時，疑似兒子因為單字沒背好，被父親責怪，因此孩子耍性子不願乖乖上車，其父葉姓男子一氣之下，竟把車開走，獨自留下男孩。

新聞聊一聊

在悶悶不樂上了一天的課之後，滿心疑惑的佩佩終於在放學後提起勇氣開口請教輔導老師，想要一解她心中的疑惑……

「老師，昨天同學在說一個新聞，我不知道是真的還是假的？但很多同學覺得很可怕，我聽了也很害怕！」

「什麼新聞讓你們這麼恐懼？妳要不要也說給老師聽聽。」雖然下課時間許多學生嬉鬧吵雜聲不絕於耳，不過輔導老師還是耐心地引導佩佩娓娓道來。

困擾許久的佩佩，立刻把握機會把困惑說出來：「班上的小花同學跟大家轉述了一則虐童新聞，話說有一個小男生他不太會說話，學習又慢，他媽媽在教他的時候因為一直教不會，常常用手或用衣架打他，最後把他打死了……」佩佩頓了一下又滿臉驚惶地接著說：「同學聽了都覺得不可思議！雖然爸爸媽媽有時候會管教我們，但怎麼會真的打死小孩呢？老師，不會真的有爸媽打死自己的小孩吧？這新聞不是真的吧？」

輔導老師先語帶安撫地說著：「佩佩同學，妳先不要緊張，新聞報導說的都是極端少數會發生的案例！絕大部份的父母親都是很愛孩子的，所以妳不要那麼擔心。」輔導老師繼續接著說下去：「當然囉，而且如果真的管教有過當的地方，也會受到法律懲罰的。」

「會被抓去關嗎？」佩佩問道。

「有可能會坐牢的哦！常言道，虎毒不食子。畢竟這樣狠心下手虐待自己親生孩子的父母真的少之又少的。」輔導老師多少知道佩佩這個孩子家庭狀況稍有別於其他學生，正因為如此，她對於這樣的新聞，心思上總是比別人細膩敏感，於是也關心的問說：「佩佩，最近妳叔叔、媽媽他們還好嗎？還會吵架嗎？」

「嗯，自從老師妳上次去家庭訪問跟他們溝通之後，有比較好一點；只是叔叔每次工作不開心，還是會很大聲說話，然後跟媽媽吵架，有時候還會把我叫出來罵，要趕我出去。像前兩天，他就把我鎖在房裡一整天都不讓我吃飯，媽媽也沒有拿飯給我吃。」佩佩委屈地說著。

輔導老師：「怎麼會這樣呢？那叔叔還會動手打妳嗎？」

「最近沒有了。但是當我聽到有孩子被父母打死的新聞時，我還是很害怕，怕哪一天叔叔生氣又要動手打我……然後，媽媽沒有救我的話，該怎麼辦？」佩佩的小臉上滿佈著擔驚害怕。

輔導老師：「不要怕，佩佩。若是叔叔真的如妳說的，工作不順利回來又罵人，又要借勢打人，記得勿以言語刺激對方，火上加油，遇有暴力，大叫「救命」使鄰居能及時趕到，還可以撥打113婦幼保護專線報案，記住！除了可以尋求一般社會機構或政府機構的協助之外，還可以向自己的家屬、朋友、鄰居、同事求救，若有宗教信仰，還可以尋求教友的幫助，或是一些相關民間團體的幫助。」

佩佩似乎鬆了一口氣回答：「老師，我知道了，謝謝妳！」

連律師小學堂

Q1. 父母親對孩子合理管教的界線在哪裡？常聽聞有些父母以不給孩子吃飯、開車「丟包」等嚇唬小孩的行為當懲罰，合理嗎？

管教須在合理的範圍，不可逾越必要的程度。

父母親對於未成年孩子的權利義務，通常稱之為親權（俗稱為監護權）。親權的本質內涵，包括對於未成年子女的職分與義務，換句話說，子女不再是傳統家庭概念裡是父母親的財產或附屬品，親權不只是權利，更重要的是賦與強烈的義務在裡面。親權的行使，是指對於子女的管教、監護，須在合理的範圍內不可以逾越必要的程度。舉例來講，有位婦人嫁到苗栗縣 11 年，她因兒子不聽話，沒把玩具收好，氣憤下語帶威脅說：「再不快把玩具收好，你就死定了 ！」並朝他扔東西，兒子事後向爸爸哭訴，又說頭部右邊會痛，爸爸心疼，帶兒到派出所控告老婆家暴，涉嫌恐嚇、傷害。地檢署認為「你死定了」等話語，以及丟擲物品的方式管教男童，造成男童心生畏懼，已經逾越了親權合理的行使範圍。

此外，發生過疑似因孩子單字沒背好，被父親責怪，因此不願上車，父親本來只想「嚇嚇小孩」，竟把車開走。

違反兒保法，會處罰鍰及親職教育輔導。

類似用丟包行為「嚇嚇小孩」，父母親的行為可能違反兒少權益保障法第 51 條：「父母、監護人或其他實際照顧兒童及少年之人，不得使六歲以下兒童或需要特別看護之兒童及少年獨處或由不適當之人代為照顧。」如有違法，最重可處 1 萬 5 千元以下罰鍰。還有社政機關應命其接受四小時以上五十小時以下之親職教育輔導。若孩童在無人照料情況下受傷，家長還可能構成刑法過失傷害官司。

Q2. 父母一方施暴致孩子受傷，未動手的另一方未出手相救，有連帶責任嗎？

雖無出手卻袖手旁觀，等同於共犯，一樣有刑事責任。

社會新聞偶爾有報導虐童致死案例。有一對夫妻，民國93年的時候生下一對龍鳳胎，分別交給婆家和娘家照顧，直到98年1月間，女童四歲才接回家裡同住。三十九歲的何姓男子只是因為不滿4歲的女兒老是尿褲子、哭鬧，父親就動手施虐，不時用雞毛撢子猛打她的頭部、四肢及臀部，造成她身上多處瘀青受傷，連續打她一個月，最後打到失去意識，導致女兒頭部受創變成植物人。社會局緊急將女童安置，並對女童父母都提告，媽媽沒有動手，但卻全程目擊，沒有制止，虐童的不作為犯也視同共犯。因為，女童母親雖然沒動手施虐，但是媽媽是監護人，負有保護跟教養的義務，她在旁邊目睹施暴過程，明明能夠防止，卻袖手旁觀，這跟重傷害的結果，是發生同樣的刑事責任。屬於虐童的「不作為犯」，等同於共犯，也判刑三年半。

放手放縱：我這樣愛妳錯了嗎？

一對年過半百的黃姓夫妻，因反對二十歲的成年女兒與一泰籍男子交往，在得知女兒三更半夜還要外出與男友約會時，黃姓夫妻聯手阻擋已走到庭院的女兒，並將她拉進神明廳內，喝令她在神明桌前跪下、懺悔。雙方僵持兩個多小時，至隔日凌晨一點，母親見女兒依舊不斷喧嚷，於是向派出所報案請求協助處理；不料，兩夫婦竟以涉嫌妨害自由反遭女兒提告，被移送法辦。

新聞聊一聊

老師，我好想趕快長大，然後離開家裡自己找工作賺錢養自己，這樣叔叔媽媽就不能管我了，我就不用每天擔心受怕，不用再忍受媽媽大聲咆哮、叔叔的打罵，甚至不要再聽到他們不斷的爭吵了。

佩佩，老師能夠理解妳為什麼這樣想，單就妳能有長大成人以後自己養自己的想法就很好了，畢竟現在外面的『媽寶』、『寶媽』真的太多了。但若是為了要跟爸媽做切割，有時候不是長大了就一定能夠切割掉的。像老師現在都已經是大人了，也沒有住在家裡，但是爸爸媽媽還是會約束我，會管我，所以說，跟年紀真的沒有絕對的關係，妳應該想的是，長大後賺了錢，有能力了，就能改善家裡的經濟狀況，也許爸媽就不會再因為生計問題而吵鬧，也不會波及到無辜的妳了。更何況，在很多父母親的眼裡，他們總是一廂情願地認為他們做的任何一件事情，出發點都是為你好，為何你不受教，所以管你，只是他們自己也不知道自己愛（教養）小孩子的方法是不對的，從來沒有人告訴他們該怎麼做？做什麼？才能避免這一切的發生？

真的是這樣的嗎？老師。（佩佩心底雖認同老師的說法，不過她並不以此為滿足，她還想要得到更直接肯定的答案。）

當然啊，像前陣子就發生一件新聞，有一個已經成年的女孩子，一直找不到工作，不然就工作一下子嫌累又辭職，後來索性不出去工作，賴在家裡讓父母養，父母親怎麼勸都沒有用；這個女孩還動不動就因為心情不好用三字經罵她爸媽，甚至動手摔傢俱，她的爸媽最後受不了，只好向法院提告，請求判決這位

女兒離開家。在法官的苦口婆心規勸下，最後雙方才接受了協調，女兒答應三個月內搬出那個家。

真的哦？竟然還有這麼誇張的事啊！

是啊，所以不是只有孩子會被父母家暴；也有誇張的孩子凌虐父母的。所以佩佩，不是長大成年了父母親就管不到了，還是有法律的規範必須遵循哦，更重要的不是一味逃避，而是要面對它、處理它，然後接受它！這樣的心態才是健康的。

連律師小學堂

Q1. 已成年子女，在父母違法管教之下，提告會成立嗎？若事後，子女後悔了，可以撤回提告嗎？

▌父母管教子女過當，可能吃上官司。

阻止女兒約會、禁足的父母親，是出自於愛女心切，怕她在外面吃虧上當，可是，父母親對於女兒的管教方法是聯手阻擋已走到庭院的女兒，隨後將她拉進到神明廳內，這種情形已經侵犯到女兒的人身自由，雖說是善盡父母親的管教責任，卻也是缺乏尊重他人自由的法治觀念，逾越合理的管教程度，反而可能吃上官司，真可是說父母難為。

這一對年過半百的黃姓夫妻，原本就對廿歲的女兒與泰國籍男子交往，相當有意見；某天晚上十一點多，又因得知女兒三更半夜還要外出與男友約會，頓時是怒不可遏，三人爆發激烈衝突。

黃姓夫妻聯手阻擋已走到庭院的女兒，隨後將她拉進到神明廳內，喝令在神明桌前跪下、懺悔，引來女兒激烈反彈，發狂似地躲進桌下大聲嘶喊與敲擊抗議。僵持兩個多小時，到隔天凌晨一點，母親見女兒依舊不斷喧嚷，向派出所報案請求協助處理；不料，兩夫婦反而因涉嫌妨害自由挨女兒提告，被移送法辦。雖說這個案子後來夫婦倆與女兒和解，彰化地檢署檢察官也認為夫妻是管教過當，於是，裁定緩起訴，但是要接受法治教育！

父母管教如涉及「妨害自由罪嫌」，屬於「非告訴乃論」之罪，即使子女撤回告訴，還是可以依法論處。

以這個事例來講，黃姓爸媽聯手阻擋女兒、將她拉進到神明廳內，甚至喝令在神明桌前跪下、懺悔，引來女兒激烈反彈。從法的角度確實涉嫌刑法規定的妨害自由（例如，剝奪他人行動自由、強制罪），類似這些妨害自由罪嫌，根據法律的規定性質上屬於所謂的「非告訴乃論」之罪，意思就是說，即便這名被剝奪行動自由的女兒和解、撤銷刑事告訴，檢察署或法院還是可以依法受理案件做法律上審理處置，這是不同於另外一種所稱的「告訴乃論」之罪，例如，刑法的普通傷害、過失傷害罪較為常見。通常這種案件，綜合考量過各種家庭因素及原因之後，最後大多會裁定緩起訴，或緩刑比較常見。

04 毒癮父母：孩子一輩子的烙印傷痛

案例 1

高雄一位 28 歲林姓女房仲與妹妹和父母同住，但不堪 50 多歲的父母長期染毒，而且量越來越多，怎麼都勸不動父母親戒毒，只能大義滅親報警處理，希望能藉此讓父母清醒。警方在姊妹的協助之下在家中查獲毒品，將其父母送往派出所偵辦。

案例 2

桃園市中壢在商務旅館查獲一名 36 歲徐姓女子與一名近 60 歲邱姓男子共處一室，經追問兩人是公公與媳婦，一旁還帶著一名 4 歲的孩子，而徐姓女子本身是毒品通緝犯，包包還放有 1 小包安非他命，邱男當時只是探視小孫子，並沒有吸毒。可憐的小男孩，爸爸已經因毒品入監服刑，媽媽又被抓，過程中，一直問阿公：「媽媽咧媽媽咧……」讓員警感到心酸。

新聞聊一聊

父母吸毒、酗酒，或有感情受挫、長期失業、脾氣暴躁、暴力傾向，都是風險族群，只要列為高風險家庭或父母行為異常，社會局和親友就要提前防範，社會局也會擴大評估是否需要強制安置……故事裡的佩佩，正面臨了這樣的困境。

佩佩，妳怎麼了？為什麼臉上有傷痕？

是被媽媽抓傷的！

媽媽又打妳？

不是，媽媽她不是故意要打我，是……是因為……

到底發生什麼事？佩佩，不要怕，告訴老師才能幫妳。

（欲言又止的樣子）是……是因為媽媽那一天突然大叫，我衝出房間去看她，發現她躺在地上一直抖，像抽筋一樣，還喊肚子痛，然後眼淚鼻涕一直流……好可怕！我第一次看到媽媽這樣，嚇死我了。我本來想拿水過去給她喝，才剛一靠近她，她手亂揮，就打到我的臉，所以受傷了。

媽媽為什麼會這樣呢？

我本來也不知道到底怎麼了？剛好叔叔這時候回來，一看到媽媽的樣子，他立刻就破口大罵：「又吸毒？妳想死就繼續吸毒

好了，但不要給我死在家裡，要死出去死……」我才知道，原來媽媽是因為吸毒了才這樣。老師，妳千萬不要告訴警察哦，我怕警察會把媽媽抓去關起來。我看電視新聞，有一個小孩的爸媽就是因為吸毒都被警察抓走了，那個小孩就被社工送去寄養家庭了。我不想沒有媽媽，不想跟著叔叔，更不想去寄養家庭，我想媽媽應該只是一時心情不好才會吸毒的，老師，拜託妳，千萬不要報警。

佩佩，妳先不要激動，老師不會隨便就去報警處理的，但這個問題一定要解決，不論是為了妳好或是為了妳媽媽好；若是妳媽媽只是才剛接觸毒品，要戒還不難，但如果拖太久，可能就真的會被關起來了。

那怎麼辦？

妳放心！我會儘快安排時間去家裡找媽媽了解情況，然後再做判斷看怎麼處理比較好哦。

連律師小學堂

Q1. 父母親吸毒入監服刑，孩子該怎麼辦？一定要接受社會局安排進寄養家庭嗎？需要經過親生父母或孩子同意嗎？

相信大家都知道毒品真的害人不淺！一旦遭受誘惑染上毒品勢將為害一生，更可悲的是萬一是吸毒父母的話，最可憐的是他們的小孩！舉例來講，生父入監服刑、母親也染毒，未成年孩子該怎麼辦？也曾經發生過染上毒癮的父母帶小孩在賓館吸毒的誇張案例，更可惡的是父母親懷疑可能有餵毒小孩的嫌疑。類似這些情形，必須趕緊通報社工訪視。通常毒品檢驗結果，涉嫌吸毒的父母都會呈陽性，將來父母都被移送，小孩只能請社工安置，可能間接也吸入不少毒品，小孩的發育及智力都受到影響。

詳細來講，例如一名5歲小孩十分了解毒品交易的黑話（毒品的粗細。所謂「粗細」是毒品交易常用的黑話，「粗」指的是安非他命，「細」則是海洛因的代號。），甚至小男孩透露自己也吃過，那就可能懷疑父母有餵毒的嫌疑。或者是某些染上毒癮的女性懷孕時還施打海洛因，導致女兒一出生就有戒斷症狀，須接受門診治療（媽媽吸毒經胎盤將毒品傳給女嬰，一旦離開母體，會像大人沒法吸毒，出現打呵欠等戒斷症狀。出生一個月內會緩解，給予補充水份、安撫等支持性治療；進入青春期後，恐怕會有情緒控制不佳等等後遺症，如若接觸毒品則比較容易上癮 。）

發現兒童及少年有施用毒品有害身心健康控管藥物，處置方式：

1. 依法須24小時內通報機制。

根據《兒童及少年福利與權益保障法》規定，醫事人員、社會工作人員、教育人員、保育人員、教保服務人員、警察等，於執行業務時知悉兒童及少年有施用毒品、非法施用管制藥品或其他有害身心健康之物質情形之一，應立即向直轄市、縣（市）主管機關通報，至遲不得超過24小時。

例如，警方查案懷疑父母有餵毒的嫌疑，須作即時通報社會局及有關單位。

此外，醫事人員、社會工作人員、教育人員、保育人員、教保服務人員、警察等，於執行業務時知悉兒童及少年家庭遭遇經濟、教養、婚姻、醫療等問題，致兒童及少年有未獲適當照顧之虞，應通報直轄市、縣（市）主管機關。例如，醫院及警局知悉小嬰兒出生被生母傳染毒癮也該通報社會局及有關單位。

2. 依法立即給予緊急保護、安置或爲其他必要之處置。

法律規定，例如兒童及少年有未受適當之養育或照顧、遭受其他迫害，非立即安置難以有效保護等情形之一，非立即給予保護、安置或為其他處置，其生命、身體或自由有立即之危險或有危險之虞者，直轄市、縣（市）主管機關應予緊急保護、安置或為其他必要之處置。

換句話講，有關於父母親染毒癮，並不是所有的情形就要立即將未成年小孩給予安置，必須要看嚴重情形程度，相反的，社會局只要依法緊急安置時，應即通報當地地方法院及警察機關，並通知兒童及少年之父母、監護人。但是沒有說需要經過親生父母或未成年孩子同意！

像是說某位媽媽懷孕時仍施打海洛因，以致女兒一出生就有戒斷症狀，生父又是毒販，女嬰父母已經失去照顧功能，依法必須強制安置，可憐的是這名女嬰一出生就被帶到寄養家庭安置。

相對而言，如若不是上述的「非立即給予保護、安置或為其他處置，其生命、身體或自由有立即之危險或有危險之虞」，社會局仍須高度注意追蹤將類似此類的家庭列為高危險家庭，派社會局社工定期訪視，如有必要會做適當的安置。

Q2. 什麼樣的情形，兒少需要「家外安置」的保護？寄養家庭的寄養期限是多長？若寄養仍然無法回歸原生家庭，怎麼辦？

當兒童少年親生家庭發生重大變故，如父母罹患嚴重疾病、入獄服刑、發生虐待，疏忽照顧等問題，需要短暫的或永久解除親子關係時，會常用到寄養家庭等「家外安置」保護兒少，使他們能健康成長（註1）。作法上，通常是尋找替代性家庭如：寄養之家、收養的家庭或兒童教養機構，提供兒童臨時性或永久性的居住之處。其衡量的重點在於以「兒童最佳利益考量」（註2）的原則下決定替代地點與時間的長短。

家外安置的類型有：短期的寄養家庭、兒童及少年安置機構，或永久的收養家庭。

1. 寄養服務

即是讓兒童暫時離開親生家庭，住在寄養家庭（自願參與家庭寄養服務，並且經過政府及相關單位審查評估合乎條件後，接受家扶中心安排暫時照顧需要安置兒少的家庭）中，由寄養父母給予溫馨的照顧。政府每月貼補寄養家庭費用，配合社會工作員的輔導，等到兒童親生家庭困難解決後，再回到其原生家庭。

目前台灣地區寄養家庭數仍供不應求，且因少數寄養家庭其提供服務之動機問題、亦或有虐待兒童、甚至因疏忽讓其所照顧之兒童發生不幸之社會事件。又以目前的兒保處遇流程，寄養家庭至多提供 2~3 年的寄居，也常因孩子問題與寄養家庭磨合不易，常更換寄養家庭，對於建立人際安全關係是不利的。

2. 兒童及少年安置機構

指提供社會上永久性家庭功能喪失或暫時性家庭功能待重整之不幸兒童或少年的一個機構式的生活環境（多是由育幼院、及為數甚少的兒童之家）。大多兒童及少年無法短期回原生家庭而會轉機構式安置，現在的育幼院以及兒少機構的管理都會以家庭為目標，比較老舊的育幼院或是機構，還是以住宿式、集體管理為主，現在台灣的社會福利越來越進步，針對安置也越做越好，大多地方政府會委託給民間社福團體去執行，孩子如若安置在寄養家庭及機構是可以回原生家庭探望。

安置機構對兒少的影響包括安置在育幼機構的孩子，因其本身之特殊性，各自有其不同樣態的背景，在機構化的管理模式下就容易形成「大欺小、強欺弱」的生態現象。不過，機構安置的優點，包括提供立即性的安全環境、有多種的角色模式可供孩童選擇模仿與認同、機構的照顧者比起孩童原本的照顧者在面對孩童的部分不被接受的行為，較不容易產生情緒化的反應。

3. 收養家庭

收養，是指非（直系）血親的雙方，經過法律認可的過程，建立親子關係，使不幸兒童得到一個永久家庭，同時也為收養父母覓得子女，視同親生。例如，棄嬰及棄童，但大多都會安排出養。要知道，收養不是救濟，也不是資助，而是要付出真誠的關懷及一輩子的承諾來扶養照顧孩子。收養家庭是永久性取代原生家庭的功能，對子女與其家庭的衝擊最為深遠。

Q3. 寄養家庭的寄養期限是多長？有何特殊規範及限制？是否有例外狀況？

由於在台灣的寄養家庭模式（註 3），是採用美國的制度，所以是以「短期」為主，目標是希望讓寄養兒童能重返原生家庭。除了緊急安置有規定期限外，我國《兒童及少年福利與權益保障法》並沒有規定安置期限，實務上大多是以兩年為期限。

實務上，我們可以看到許多寄養兒童幾乎都超過此一期限，但要避免兒童一直在寄養系統中流浪，或對於何時返家有著遙遙無期的不安全感，所以對於返家有困難的寄養兒童，在期限後就必須考慮長期安置的可行性，若需要長期安置，就會交給安置機構來規劃服務。而且，依《兒童及少年福利與權益保障法》安置兩年以上的兒童少年，經直轄市、縣（市）主管機關評估其家庭功能不全或無法返家者，也應提出長期輔導計畫。一般而言，育幼院（機構式安置）仍是採用類家庭式的方式，也就是一個生活輔導員帶幾個孩子生活，與一般孩子並無太大差異，大多是讓兒童及少年住到 18 歲為止。

例外狀況：

如若委託安置之兒童及少年，年滿十八歲，經評估無法返家或自立生活者，得繼續安置至年滿二十歲；其已就讀大專院校者，得安置至畢業為止。

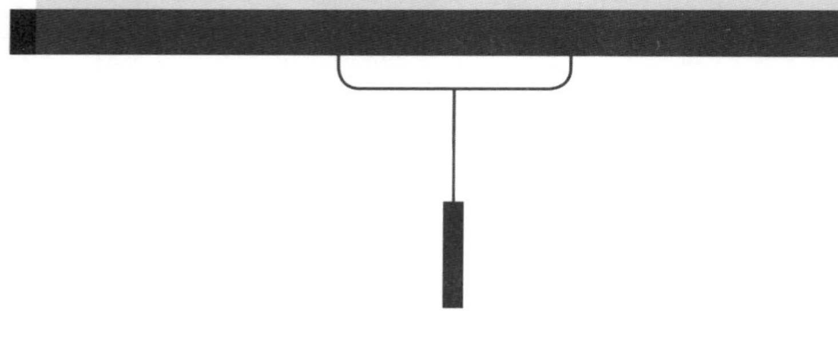

※註 1：《兒童及少年福利與權益保障法》第 62 條規定，兒童及少年因家庭發生重大變故，致無法正常生活於其家庭者，其父母、監護人、利害關係人或兒童及少年福利機構，得申請直轄市、縣（市）主管機關安置或輔助。前項安置，直轄市、縣（市）主管機關得辦理家庭寄養、交付適當之兒童及少年福利機構或其他安置機構教養之。

※註 2：張玲如、邱琬瑜，何處是兒家？ 由兒童最佳利益探討我國兒童保護安置系統，刊載於：現代桃花源學刊（民國 101 年 7 月，創刊號 頁 13-32。）

※註 3：針對想要申請成為寄養家庭的話，地方政府通常會委託社會福利團體辦理寄養家庭招募、訓練及管理。

遺愛遺害：是愛的遺產還是債務的傷害？

案例 1

常遇到未成年小孩還沒有進入社會工作賺錢，竟然已經背負龐大繼承債務的窘境。例如，某位董先生從小就遭生父遺棄，僅因血緣的聯繫，竟在不知情的情況下，莫名的在生父離世後，繼承了上千萬元的大筆債務，導致家庭經濟陷入困境。

案例 2

某位婦人於民國 89 年間驟然離世，家屬未辦理限定繼承或拋棄繼承，現在繼承第一順位配偶還在，只是平日打零工，第二順位的女兒被銀行通知，須支付母親的欠款，這位女兒家境都不好，想舉證當時未成年無繼承債務的義務，藉此解決債務繼承之問題。

新聞聊一聊

老師，我跟妳說一件事喔，我最近才知道，原來我有兄弟姐妹耶。

為什麼？

原來，我爸爸在和媽媽結婚之前就有小孩了，後來和媽媽結婚以後又生下了我；然後，和媽媽離婚之後，又再結婚生了一個小孩，所以原來我有那麼多同父異母的兄弟姐妹耶，只是因為媽媽離婚後，都再也沒有和爸爸聯絡，所以我都不知道這些事，一直到這一陣子爸爸的大兒子他們找到我們，我才知道。

那很好啊，原來妳並不孤單。

才不好呢！原來他們來找我，並不是要來認我的，而是因為爸爸前一陣子生病走了……他似乎常年酗酒，沒想到染上酒癮就戒不了，前一陣子為了省錢結果買到假酒，喝著喝著在酒醉睡夢中斷氣離世了。爸爸好像有留下一筆遺產，雖然父母親離婚後我跟著媽媽，但是媽媽是我的親權人（監護人），我依然可以繼承遺產，不過這些兄弟姊妹們似乎不這麼想，所以想方設法找到我，要我跟我媽媽簽什麼放棄繼承的同意書。

哇～原來這麼複雜！

其實，實際狀況我也不是很了解，後來他們常常藉故來訪，不過每次媽媽都把我叫回房間，只聽到斷斷續續的……隱約知道

他們都在講錢錢錢的，好像是媽媽不願意我放棄繼承，所以和媽媽吵得好兇，叔叔如果在，也會幫著媽媽一起罵，每一次都鬧得不歡而散。其實，我也蠻失望的，一直以為終於有其他家人了，沒想到竟然是以這樣的方式和家人見面，還真是不如不見。

妳也不要想太多，一切都交給大人處理就好了，我相信媽媽一定會為妳爭取最大的權益的。

每次看電視劇演到「家人為了爭財產反目成仇」的情節都覺得誇張，沒想到竟然真的在我身上發生了，真是神奇！老師，按照法律，我真的可以拿到遺產嗎？媽媽和爸爸都離婚那麼久了，這期間我也根本沒有再見過爸爸，我如果不簽什麼放棄繼承，就真的可以分到財產嗎？

應該是啊，不然妳的那些大哥大姐們，應該也不會來吵吧！不光是遺產，好像債務也是一樣，如果沒有事先簽好放棄繼承，子女也跟著一起分擔債務呢！我記得曾經看過一則新聞，也是父母離婚的孩子，在爸爸過世之後，媽媽收到債務繼承的通知，家裡還因此差點破產呢！

「天上掉下來的債務」？真的假的？若是債務，我哪裡有錢可以還？

是啊！所以這些法律問題，就留給大人們操心吧！不過，大人們真的是要弄清楚，要不然一個不小心，真不知道留給孩子的到底是愛還是害呢！

連律師小學堂

Q1. 有人從年幼時候與生父母失聯的狀態下，事後被動得知生父母過世留下債務時，已過了時限，需要繼承全部的債務嗎？有沒有方法拒絕繼承？

法定遺產繼承人的優先順序：

依新修訂民法繼承編第 1138 條規定，遺產繼承人，除配偶外，依左列順序定之：

一、直系血親卑親屬。

二、父母。

三、兄弟姊妹。

四、祖父母。

民法第 1148 條規定，繼承人自繼承開始時，除本法另有規定外，承受被繼承人財產上之一切權利、義務。但權利、義務專屬於被繼承人本身者，不在此限。繼承人對於被繼承人之債務，以因繼承所得遺產為限，負清償責任。

可視實際狀況，主張「限定繼承」，以所得遺產為限，清償欠款債務。

以設例題旨來說明。該名媽媽也就是法律上的債務人於民國 89 年身亡時，法定的繼承人是指第一順位繼承人是配偶、直系血親卑親屬（女兒）。至於，第二順位、三及四順位，並非繼承人，不會繼承到該名媽媽的財產及債務。

施行法第 1-1 條第 2 項規定，繼承在民法繼承編中華民國 96 年 12 月 14 日修正施行前開始，繼承人於繼承開始時為無行為能力人或限制行為能力人，未能於修正施行前之法定期間為限定或拋棄繼承，以所得遺產為限，負清償責任。但債權人證明顯失公平者，不在此限。前項繼承人依修正施行前之規定已清償之債務，不得請求返還。

假如第一順位繼承人直系血親卑親屬（女兒）在民國 89 年繼承當時還是未滿 20 歲未成年的情形下，可依新修訂的民法主張限定繼承，以所得遺產為限，清償欠款債務。

至於第一順位繼承人的配偶（先生），平日打零工家境不好，基本上仍必須概括繼承太太遺留下來的財產及債務。如果說，繼承人在 89 年繼承時有不可歸責於己的情事，或者根本沒有跟債務人同居共財，也沒有接獲過銀行索催債務的情況，以致無從知道有繼承銀行債務的存在，而沒能夠及時做限定繼承或拋棄繼承時，依民法的規定，也可以按照新修正後規定，以所得遺產為限，清償銀行債務。

Q2. 如果超過拋棄繼承（避免繼承債務）期限的話，後果會怎樣？

民國 98 年民法修訂，即使未於期限內拋棄繼承，也無須概括承受被繼承人財產上之一切權利、義務。

所謂的拋棄繼承，是指放棄繼承被繼承人的一切財產及債務的意思，在繼承的時候就不會是繼承人的資格及地位。

依民法規定繼承人得拋棄其繼承權。有關於拋棄繼承的程序，應於知悉其得繼承之時起 3 個月內，以書面向法院為之。拋棄繼承後，應以書面通知因其拋棄而應為繼承之人。但不能通知者，不在此限。

早期，宥於法律規定的繼承是以概括繼承為原則，有些繼承人擔憂繼承的債務大於財產，因此會在期間內拋棄繼承。等到民國 98 年間我國民法全面修訂為以法定的限定繼承為原則，也就是繼承人對於被繼承人之債務，以因繼承所得遺產為限，負清償責任。因此，即便罹於拋棄繼承 3 個月期間，也不用擔心要概括承受被繼承人財產上之一切權利、義務。

06 倫理悲劇：當近親變大野狼，誰來救救小紅帽？

一名獸父從大女兒幼稚園開始一直到國一期間，七年來不斷伸出狼爪對其性侵、猥褻，直到國中一年級時，仍繼續逞獸慾，總計 1257 次，期間小女兒曾目睹此事，告知母親反而挨父親打，並警告不准說出去。母親雖知道，但因獸父對其施暴，因此無力保護女兒，只能對大女兒說句：「對不起。」直至國中一年級，大女兒因月經 2 個月沒來才向老師哭訴自己父親的惡行，全案因而曝光，獸父才坦承犯行。新北地院依加重強制及乘機性交、乘機猥褻罪，判獸父 22 年 6 個月徒刑。

新聞聊一聊

齁，就說法網恢恢，疏而不漏！躲了三年，終於抓到了這頭狼父了！

老師，妳在看什麼？這麼生氣！

（眼睛專注地盯著手機螢幕，一邊回答）

我無意間剛好瀏覽到一則網路新聞，三年前發生的一個性侵案，那個性侵自己親身女兒的爸爸畏罪潛逃了三年多，終於被抓到了！真是老天有眼啊，這怎麼能為人為父，真是太可惡了！而且從他女兒小四開始一直到高一耶，七年來不斷地侵犯她，還無恥的說：「女兒生出來本來就是要給父親用的！」媽媽雖然知道這些事情，但是跟女兒灌輸「爸爸是家中經濟來源」一直要女兒隱忍別說。直到那女孩終於受不了，才向老師揭發爸爸的獸行，事情也因此爆發出來，那個爸爸被判二十五年的徒刑。其實，關再久都沒有辦法彌補那女孩子經年累月的身心創傷。

太可怕了！自己的親身爸爸怎麼會這樣呢？我一直以為因為不是自己的親身爸爸才會這樣……真的好可怕啊！

是啊！可憐的女孩子。佩佩，這麼晚了妳還不回家？最近妳都待比較晚才回家耶。

老師，我可以晚一點再離開嗎？我不敢一個人回家。

怎麼了？為什麼不敢回家？

嗯……嗯……

不要怕！有什麼事儘管跟老師說，老師才能幫妳。

我怕家裡只有叔叔一個人在。

怎麼了？他還會打妳嗎？

不會打我了，但是……他最近都怪怪的，讓我很害怕。有一次，我在洗澡，可能忘了鎖門。洗到一半，突然聞到一股酒味，才發現叔叔站在浴室裡，不知道他看了多久，我尖叫一聲，他才轉身走出去，嚇死我了。等我洗好澡出來時，他滿臉通紅的看著我說：「小丫頭，長大了哦！」我嚇得趕快回到房間把門鎖起來。又有一次，我在廚房泡麵，他突然從後面抓我的屁股，還怪怪的表情說：「很翹、很有肉哦！」那時候，他並沒有喝酒，我很想跟媽媽說，但又怕媽媽不相信我。今天早上我遇到叔叔，他問我：「睡覺為什麼要鎖門？以後不准鎖。」老師，怎麼辦？我現在真的很怕叔叔，我不敢一個人回家，我該怎麼辦？

不要怕，佩佩，老師幫妳打電話請媽媽來接妳，我們一起把事情告訴她，我相信媽媽會保護妳的，老師也一定會幫助妳的。

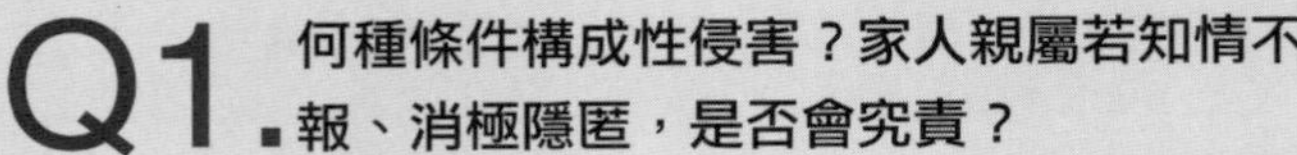

Q1. 何種條件構成性侵害？家人親屬若知情不報、消極隱匿，是否會究責？

刑法上所規定的妨害性自主罪，可區分為二類：

1. 違反意願而為性交（性侵）（註 1）

對於男女以強暴、脅迫、恐嚇、催眠術或其他違反其意願之方法而為性交者，最重可處 10 年以下有期徒刑。

2. 違反意願而為猥褻（性猥褻）

對於男女以強暴、脅迫、恐嚇、催眠術或其他違反其意願之方法，而為猥褻之行為者，最重可 5 年以下有期徒刑。

換句話說，刑法上的妨害性自主罪章，最重要的保護在於性自主的意願。也就是說，任何只要是使用違反對方的意願的方法，不論是強暴、脅迫、恐嚇、催眠術，也不論是任何身分、對象、親疏之別，將會成立妨害性自主罪。

「知情不報」恐等同於共犯：

另外，比較值得討論的是「知情不報」媽媽，會不會同樣成立刑法上的加重強制性交罪？刑事法學上有個「保證人地位」概念。意思是說，除基於事實上承擔、密切生活關係、危險共同體、法令規定、危險物或場所持有支配關係、為他人負責等事由外，也可能基於危險前行為而產生。

女童母親固然沒動手幫助性侵，但母親是親權人負有保護跟教養的義務，母親也知道父親對女兒施暴，無力保護女兒，只能對大女兒說句：「對不起。」恐怕還不能直接斷定卸責。換句話說，倘若長期以來，她在同一個屋簷下已經有目睹施暴過程，能夠防止，卻不去防阻而冷眼旁觀，這跟性侵害的結果是發生同樣的刑事責任，恐怕也是「助紂為虐」，等同於共犯！？當然，還是必須檢視整個事實經過來判定是否有罪責。

Q2. 法律針對遭受性侵害犯罪的兒少如何予以保護？

一、加重處罰。

對於男女以強暴、脅迫、恐嚇、催眠術或其他違反其意願之方法而為性交，將會觸犯刑法上性侵害罪。更重要的是，如若性侵害的對象是對未滿 14 歲的男、女，或是對精神、身體障礙或其他心智缺陷之人，那麼，更會成立加重性侵罪，「至少」處 7 年以上有期徒刑！

甚至，成年人故意對兒童及少年犯罪的話，還可以加重其刑至二分之一。

二、相關執行業務人員有 24 小時內通報義務，及做緊急安置。

此外，任何人對於兒童及少年不得有強迫、引誘、容留或媒介兒童及少年為猥褻行為或性交行為，否則醫事人員、社會工作人員、教育人員、警察、司法人員、村（里）幹事及其他執行兒童及少年福利業務人員，於執行業務時知悉兒童及少年有遭受猥褻行為或性交行為情形之一，應立即向直轄市、縣（市）主管機關通報，至遲不得超過24小時。

三、犯罪偵查及審理中，必須有專業人員保護兒少。

《性侵害犯罪防治法》有規定到，被害人為兒童或少年時，除顯無必要者外，直轄市、縣（市）主管機關應指派社工人員於偵查或審判中陪同在場，並得陳述意見。

四、父母親或監護人將停止親權或監護權。

父母或監護人對兒童及少年疏於保護、照顧情節嚴重，或有為猥褻行為或性交，兒童及少年或其最近尊親屬、直轄市、縣（市）主管機關、兒童及少年福利機構或其他利害關係人，得請求法院宣告停止其親權或監護權之全部或一部，或得另行聲請選定或改定監護人；對於養父母，並得請求法院宣告終止其收養關係。

※註 1：刑法所規定的性交，指非基於正當目的所為之下列性侵入行為：一、以性器進入他人之性器、肛門或口腔，或使之接合之行為。二、以性器以外之其他身體部位或器物進入他人之性器、肛門，或使之接合之行為。

NOTE

Part 5

校園外的法律界限

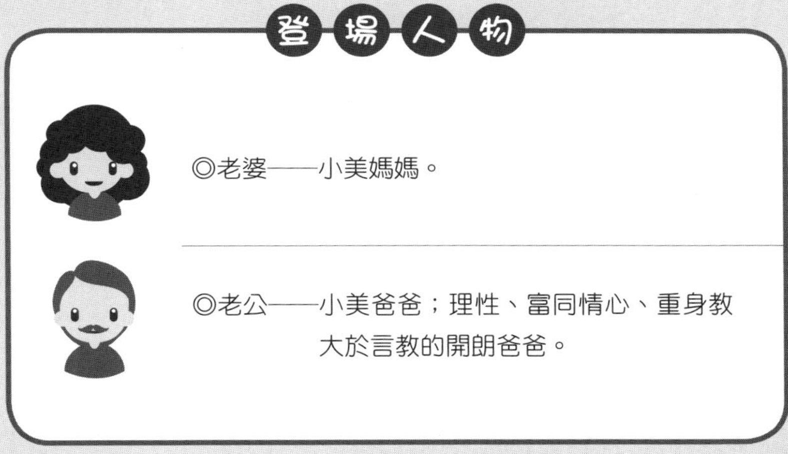

孩子離開了學校，面對更複雜不可預測的校外環境，例如網路犯罪、馬路安全、打工環境……該如何教育孩子小心陷阱不受騙，是現代父母刻不容緩的議題。

網路犯罪：網路無遠弗屆，小心踩地雷

案例 1

有一名生態攝影家持續控告未經允許使用他照片的個人或單位，每張照片要求 10 萬元以上賠償金，目前案件超過 60 件，其中有不少學生為交作業報告而引用照片也遭鉅額求償，許多人批評那位攝影家網站上「歡迎多加利用」字眼，讓不明法律的學生以為可以無償使用，根本是設陷阱入罪。雖然生態攝影家聲稱自己此一行徑是「著作權苦行僧」，仍恐有濫用權利之嫌，備受爭議。

案例 2

一名男子不滿其女友的男性友人與其女友走得太近，於是在個人的 FB 以直接公開發文的方式，將女友的男性友人全名公佈，同時加註三字經，引發這名被公開姓名的男子不滿，於是對發文男子提出告訴。

新聞聊一聊

喂，孩子的媽，我問妳，我最近看小美總是在上網，每次問她，她都說是在寫功課找資料，怎麼現在學校的作業都一定要上網才能寫啊？

你才知道啊？現在孩子的功課愈來愈多元化，也愈來愈靈活了，連小學生的有些功課都要上網找資料了呢，甚至還要直接用上傳的方式將完成的作業直接傳給老師呢，跟我們以前完全不同。

好好好，我承認，我太久沒有關心小美的課業了。欸，我突然想到一件事，那小美平時上網找資料寫功課的時候，妳有沒有在旁邊看著她啊？

你是擔心小美她去看一些不該看的網站嗎？不用擔心啦，我告誡過她了，只能看功課需要的。

還不只是這樣！我記得之前才有一則新聞吵得沸沸揚揚的……說一個什麼鳥類生態的攝影師，平日把自己的攝影作品 PO 在網站上，還註明「歡迎大家多加利用」，結果聽說很多學生因此就抓他的圖片來寫報告，後來傳到網路供審閱後，竟被那攝影師告侵權，一張照片要求 10 萬以上的賠償金耶，聽說好像已經有超過好幾十個案件了。

（低頭認真計算著）
蝦咪！一張圖片要求賠 10 萬和解金，那麼，60 張就是 600 萬耶，哇，超珍貴的鳥圖！

話也不能這麼說，畢竟還是要講法治的！既然是別人辛勤勞力付出努力創作得來的智慧財產，就應該受到保護和尊重。更何況，現在學生還有厲害到不小心剪輯了老師照片的頭像……製作成 Line 貼圖再公開上傳 Line 販售……

但是，不是那個攝影師自己說「歡迎多加利用」的嗎？那還告人家？還能告贏！

我想是大部份的學生家長都怕孩子因此而留案底，所以大都賠錢了事了。法律問題我們不懂啦，但我擔心的是，我們家小美傻傻地搞不清楚，一個不小心也隨便抓人家的圖片或文字來使用，哪一天不小心侵犯了別人的著作權就麻煩了，所以妳還是注意一下的好。

好啦，這我會多注意。不過，比起侵權，我倒更擔心一點。小美最近也有了自己的 FB，三不五時會在裡面寫些班上的事情，很怕她一個不小心指名道姓或影射別人而引起麻煩呢。前陣子才看到一個公司主管告下屬，說在 FB 裡影射他是禿子。

嗯嗯嗯，現代人動不動就愛告來告去的。那妳就要特別教育一下小美，在網路世界裡，除了享受它的便利之外，也要注意一個不小心，可能也會身受其害呢！

連律師小學堂

Q1. 網路抓圖或資料的引用，什麼樣的情況構成著作侵權？罰責？若為非營利行為，例如學生只是使用在作業上，同時網站也載明「歡迎轉載利用」，有沒有法律責任？

有關於網路抓圖或資料的引用行為，會否構成侵害著作權？首先要檢視幾個著作權概念，一是否付出勞心心苦的著作（創作），其次該著作是否著作權法上所保護的著作，三是比對有沒有構成著作侵權或純屬雷同，最後即便是著作侵權，那侵害人有沒有可以抗辯合理使用。

一、著作受保護的要件：

1. 著作權的定義

在人類社會裡，文明的發展與延續，必須藉由許多人的發明、創作才能完成。精神方面的創作，尤其是文學、科學、藝術或其他學術領域的作品更是文明資產的一部分，我們稱它們為著作，為了保障這些著作創作者的權益，由國家制定法律予以保護，法律所規定的這些權利，就叫做著作權。著作權制度的目的在於追求公共利益，著作權保護只是提供誘因，使著作人樂於創作。從事例來說，不論是利用相機拍攝的圖片或其他媒材所作的創作，只要合乎著作的意義，不管是出自於名家天才畫作，或學生的創作，皆可成為著作權法上所保護的對象。例如語文、音樂、美術、攝影著作或電腦程式著作等等。

2. 創作者完成著作時，即立即享有著作權。

當創作者完成一項著作時，就這項著作立即享有著作權，而受到著作權法的保護（註 1）。因此著作權是在著作完成的時候立即發生的權利，也就是說著作人享有著作權，不須要經由任何程序，當然也不必作任何行政註冊、登記。

3. 著作權包括了「著作人格權」與「著作財產權」2 個部分。

※「著作人格權」

主要是賦予著作人即創作著作的人財產上的權利，使他獲得實質上的經濟利益，促使作者繼續從事創作活動，精進創作的質與量，豐富文化內容。

※「著作財產權」

主要內容包括重製權、公開口述權、公開播送權、公開上映權、公開演出權、公開傳輸權、公開展示權、改作權、編輯權、出租權及散布權，共有 11 種權利（註 2）。

二、「非營利」利用≠「合理使用」：

1. 引用須註明出處及作者、區別來源，最好能夠取得原著者的授權同意。

須知道，並不是只要宣稱或主張非營利目的利用，就成立合理使用！學生用 COPY&PASTE 所作的課堂報告、PPT，註明出處及作者、區別來源之外，使用全部他人的著作或改作須取得原著者的授權同意。否則恐會侵害他人的著作財產權。此外再如，網友或學生「非營利」在網頁或部落格有利用背景音樂的話，涉及公開傳輸權問題。

2. 合理規定及特定範圍內使用他人著作，並不構成著作侵權。

著作權法也有合理使用之規定，舉例來講，除了對於供個人或家庭為非營利之目的，在合理範圍內，得利用圖書館及非供公眾使用之機器重製已公開發表之著作，或者為報導、評論、教學、研究或其他正當目的之必要，在合理範圍內，得引用已公開發表之著作之外（註 3）；另外綜合：（1）

利用之目的及性質，包括係為商業目的或非營利教育目的；（2）著作之性質；（3）所利用之質量及其在整個著作所占之比例（註 4）；（4）利用結果對著作潛在市場與現在價值之影響等事項判斷是否合理使用（註 5）。

3. 稍有不慎，恐侵害公開傳輸權

相對地，在網頁或部落格利用背景音樂是要提升人氣、促銷商品的話，恐有侵害公開傳輸權，建議使用 Creative Commons 或其他合法授權的音樂著作、保護已屆滿期限（例古典音樂），流行音樂則應向國內外音樂著作人團體、唱片公司付費取得使用授權為宜。

此外，最近網紅知名人物谷阿莫因製作「X 分鐘看完電影」系列短片，遭片商控告侵害著作權。究竟谷阿莫是否如他所稱的二次創作，符合著作權法中合理使用，就要從合理使用要件逐一檢視了。

Q2. 作報告、交作業或寫論文利用網路資料，只要標明資料出處來源，就是合理使用，沒有構成著作侵權行為？

前面提過，著作權包括了「著作人格權」與「著作財產權」2 個部分，目前探討的此一問題涉及「著作人格權」這一塊。

依「著作人格權」之規範，引用他人著作，須載名原作者的姓名。

「著作人格權」是用來保護著作人的名譽、聲望及其人格利益的，因為和著作人的人格無法分離，所以不可以讓與或繼承。著作人格權包括有「公開發表權」、「姓名表示權」及「禁止不當修改權」等 3 種權利。像是依據著作權法之規定，著作發表時，著作人有權決定是否要顯示作者本名？

或使用別名？還是根本不表示作者的姓名。因為著作人享有姓名表示權，任何人對外發表別人的著作，就必須依照著作人所採用的方式，來表示著作人的姓名。

在利用別人的著作的情形，也應該要依著作人表示的方式，來表示著作人的姓名。舉例來說，曾經發生過彰化縣田中國小老師未經著作人許可，在「台灣鄉土鳥誌」一書中重製攝影創作「松雀鷹」圖像，並上傳到教育鄉土文化教學用的「還我台灣鳥仔的本名」網頁中，同時也沒有在圖像旁標明原著作權人的姓名，使人可以自由點閱瀏覽此網頁。雖然這名老師架設的網頁所屬網站不收費，目的是為了教授圖片中鳥類資訊而屬於教學上必要之合理使用，但是省略著作人姓名的行為，則是侵害了著作人格權之姓名表示權。

改作他人的作品，也必須標示原作者的姓名。

在以翻譯、改寫、拍攝影片……等等方法去改作別人的著作的情況下，著作人對他人改作出來的新著作（衍生著作），也享有姓名表示權，如果衍生著作的著作人沒依著作權法之規定，在自己創作的衍生著作裡，表示原著作作者姓名的話，就侵害了姓名表示權（註6）。例外的情形，像百科全書的作者可能很多，無法一一表示作者的姓名。所以著作權法也特別規定，依照著作利用的目的及利用的方法，在對著作人的利益，無損害的危險的情形之下，而且也不違反社會使用的慣例的話，可以省略著作人姓名，而無須加以表示。

Q3. 常見所說的網路霸凌（Bulling），利用肉搜、公開的社群媒體裡指名道姓（影射）的辱罵，會觸犯哪一些罪名？

根據研究報告，霸凌手段及方式的不同，大致可分為肢體霸凌、言語霸凌、關係霸凌、反擊型霸凌、性霸凌，及網路霸凌等六種類型（註 7）。其中，網路霸凌（或稱電子霸凌），是指利用網路散播色情圖片、散佈謠言中傷他人、留言恐嚇他人等使人心理受傷或恐懼的行為，這是近年來新興的霸凌型態，而且程度相當嚴重，還曾偶爾聽聞新聞報導，有被害人因為受不了網路言論輿論壓力跳樓自殺所在多有。

▌網路霸凌恐會觸犯刑法公然侮辱或誹謗罪。

隨著智慧型手機普及、科技網路發達，從早期網路聊天室、MSN 到 Face Book（FB）、LINE 儼然成為時下流行的即時通訊和社交工具，幾乎成為許多人每日必須的網路溝通平台，假如使用即時通訊工具，例如在 LINE 的個人狀態消息或 FB 塗鴨牆上抒發觀感、分享個人心情或留言時，用字遣詞一定要注意，若涉及謾罵或人身攻擊，會使特定多數人共見共聞，並足以使當事者感到難堪、不快，足以減損當事者的聲譽與人格，所以留言謾罵的行為，恐會造成公然侮辱或誹謗罪。

舉例來說，近年來由於公民意識崛起、社會運動增加，某位政治人物臉書批評太陽花學運引起網友不滿，其中有 1 名 11 歲的小學生也留言謾罵「渾蛋」、「人渣」等侮辱性字眼。又或者是留言指稱某某人是「謊話連篇的主耶穌信徒」，副標題還有「跟他在一起的全是王八蛋」等內容。

又或者事例中提到的某位男子不滿女友的男性友人與其女友走得太近，於是在個人的FB以直接公開發文的方式，將女友的男性友人全名公佈，同時加註三字經。像是這些行為足以使被謾罵的當事者感到難堪、不快，或足以減損當事者的聲譽與人格，該些行為恐觸犯公然侮辱罪或誹謗罪。須要謹言慎行，不要因未一時衝動而害人害己。

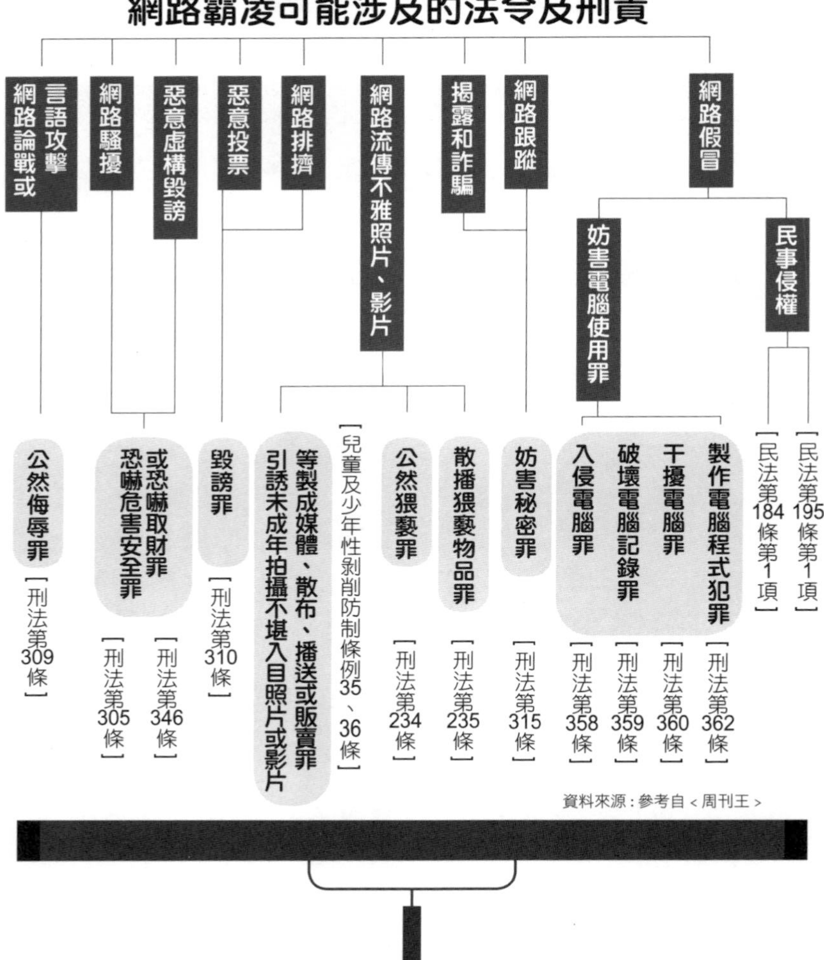

※註1：著作權法第10條規定：「著作人於著作完成時享有著作權。但本法另有規定者，從其規定。」

※註2：著作權法第22條以下規定。

※註3：著作權法第51-52條等規定。

※註4：美國曾發生某案，國家雜誌雖只從福特總統自傳手稿「療傷時刻」中引述僅300字內容，但是所引述內容的重要性，是福特總統回憶錄中最具有新聞價值與授權刊載的精華部分，故仍不構成合理使用。

※註5：著作權法第65條規定。

※註6：賴文智，著作權一點通，經濟部智慧財產局編印，2012年8月，頁25-26；資料來源：經濟部智慧財產局網站（http://www.tipo.gov.tw/，最後瀏覽日：2014年10月30日）

※註7：資料來源：瀏覽自金融監督管理委員會校園風險主題網 http://srm.ib.gov.tw/files/15-1002-748,c125-1.php（最後瀏覽日：2014/09/21）

02 放假打工：賺錢有術、安全要顧

案例 1

有學生在澳洲找打工機會時，曾遇大陸人開的按摩店得先繳學費與保證金約新台幣5000元，工作3天後卻發現店內是「做黑的」、半套全套全都來，最後她與友人趁櫃臺人員上廁所時，拿走押金逃離陷阱。

案例 2

暑假是打工旺季，1 名專科學生及 2 名高中職生涉嫌在台南火車站強迫推銷商品，過往行人受不了報案，結果被警方函送。

案例 3

屏東一大學學生出面爆料，學校附近的店家並沒有依照勞基法新規定最低基本薪資 1 小時 133 元，且有的不到 100 元，甚至最低的一小時只給60元；甚至有的雇主也沒有給勞健保。勞工處接獲消息表示會全面調查！

新聞聊一聊

老公，你怎麼又買這些抹布回來啦？你之前買的一堆都還沒用完耶。

唉呀，沒辦法啊！每次出差經過臺北市東區捷運附近的商辦大樓，總有些身障人士在賣東西，我當下心一軟就沒辦法拒絕，就當幫幫他們嘛。

我知道啊，那你下次可以不要再買抹布，換買別的東西吧。

好啦好啦，我下次會克制！

不過，跟學生強行推銷比起來，我還寧願多幫幫這些身障朋友呢！我上次帶小美去鬧區逛街，可能是暑假打工的關係，好多學生在街頭推銷什麼原子筆、吊飾、餐具，動輒數百元，比外面賣的還貴，說什麼「好心幫幫忙……」，不買還不行耶，一直黏著我不放，我一整個火氣都冒上來了，非要我口氣嚴肅地說：「同學，我沒有要買，不要再跟著我了哦。」他們才扭頭離開，態度還很不屑的樣子，氣死我了。我看到旁邊還有警察在抓攤販，難道這種的就不用管嗎？

推銷東西的都還好，現在還有打著什麼「募款」口號的打工學生呢，打工手法真是推陳出新啊！

但像這些少數的特殊方式，真的會讓人很反感。

可能就是因為打工的工資都偏低，所以才會有商人變向的利用這群學生來賺錢，雙方都得利。

賺錢哪有不辛苦的啊！不是說從民國 107 年開始，部分工作者的時薪最低也要以每小時 140 元計算嗎？若認真的做，一個暑假也是能賺到錢的。

說是 140 元，但聽說還是有不少的慣老闆，一個小時可能只給 100，那天新聞還爆料說有 60 的呢！而且還沒有勞健保。有一個女大生就是去餐廳端盤子，不小心從樓梯上摔下來，被送進醫院後，父母親才知道自己的孩子在外面打工，不僅時薪低，還沒有勞健保。而且，那老闆還說，沒有扣她打破的盤子錢就不錯了。氣得那對父母親說要告上勞保局呢！

怎麼這麼刻薄啊！

這也反應出，現在父母親多半是不清楚孩子在外面打工的情況的，不論是孩子不願說，或是父母不關心，根本無法保護孩子。

耶，你公司不是也常常請短期工讀生？有沒有按照規定啊？

那當然！我們公司可是遵照法律規定的模範公司呢，完全按照勞保局的規定，不僅時薪高一點，該有的勞健保沒有少，工作時數也完全按照規定來執行，從來不欺侮辛苦付出勞力的員工。

哇，老公，你真是個好老闆呢！

一定要的啊，更何況我自己也有小孩，將心比心啦。

連律師小學堂

Q1. 學生打工，店家要求繳付保證金是合法的嗎？學生打工強迫推銷商品或要求捐助，有法可管嗎？

▌店家或公司行號不得要求求職者繳交保證金。

特別提醒，寒暑假是打工旺季，很多人都利用求職網、看報紙求職，雖然便利、廠商也多，但易潛藏求職陷阱。廠商如要求求職者繳交不明用途費用（保證金）、假借徵人名義推銷商品、不合理的要求繳交個人資料或身分證件、要求替公司開立個人戶頭等都要拒絕，不要覺得不好意思或有所顧忌。切記，求職者千萬不要簽署內容不清的文件，要了解實際工作內容與廣告宣稱的內容是否相符！

▌強買、強賣物品或強索財務，處三日以下拘留或新臺幣一萬二千元以下罰鍰。

「強迫推銷」的手法，在全臺各地的車站、醫院、商圈等公共場所到處可見，人潮眾多街頭也遇到青年男女兜售像原子筆、零錢包等小東西。有的推銷方式打的是「悲情牌」，用言語啟動對方的愛心，有的推銷則擺出一副非買不可的姿態，抓住銷售對象的手不放，或者是攔住對方的去路，不讓人離開，這就不是一般正常的推銷手法，已算是「強賣」的程度。

舉例來說，曾報導某位李姓高中生偕莊姓友人路過臺北客運轉運站，莊姓友人被 1 位少女纏住，向他推銷「環保煙袋」，李姓學生只好站在旁邊觀看。這時，另位 19 歲的李姓少女前來搭訕，拉他到一旁要他也購買「環保煙袋」。她的推銷手法打的是悲情牌，說自己繳不出學費，要李姓學生幫幫忙！李姓學生不甩這一套，李姓少女便拉住他的手臂不放，口中直嚷「愛心、愛心！」李姓學生拗不過這種軟硬兼施的手法，花了500元買下「環保煙袋」，兩位糾纏不休的女子才滿足地離開。李姓學生檢視「環保煙袋」，品質粗糙，認為自己上當受騙，便到警局控訴李姓女子詐欺與妨害自由。

雖然檢察官不認為成立犯罪：1. 李姓學生被李姓女子的說詞說服，才出錢購買；或者是想及早擺脫糾纏，方出手消費。並非由於李姓女子施用詐術，矇騙才成立交易；2. 至於妨害自由部分，則認為李女是在公眾往來的街頭抓住李姓學生的手，如果李姓學生不想購買，可以隨時甩開李女的手離開，李姓學生的行動自由並沒有遭到剝奪。

脅迫方式「強迫推銷」，觸犯刑法強制或恐嚇危害安全罪。

針對街頭「強迫推銷」常常對民眾造成干擾，確實應由維護治安的警方介入執法。根據《社會秩序維護法》規定（註1），這些強要人購買他們手中商品，如若擺出一副非買不可的姿態、抓住銷售對象的手（臂）不放，或是攔住對方的去路，不讓人離開，這就不是一般正常的推銷手法，已算是「強賣」的程度。另外比較極端的情形是，如「強賣」是用強暴、脅迫方式來強銷「兄弟茶（或黑心茶）」的話，那麼，就會構成《刑法》之強制或恐嚇危害安全罪。

Q2. 部分工時（俗稱工讀生）能夠與正常工時員工，平等享有勞動法上保障的權益及公司福利嗎？（註2）

工讀生的「薪資」規定：

同學們進入適用「勞動基準法」的公、民營事業單位打工，其各項勞動條件，如工資、工作時間、休息、休假、請假及職業災害補償，均受《勞動基準法》之保護並依勞基法辦理。詳細來說，工資，是指工讀生因工作所獲得的報酬，包括薪金、獎金、津貼及其他名義之經常性給與，其金額雖由勞雇雙方議定，但雇主給付的工資不得低於基本工資（107 年 1 月 1 日基本工資，月薪制調整為每月不低於 22,000 元，時薪制以每小時不低於 140 元）。工資的給付，每月至少定期發給 2 次，但是經雙方約定為 1 次亦可。延長工時（加班）在 2 小時以內者，應照平日每小時工資額加給 3 分之 1 以上，超過 2 個小時部分要按平日每小時工資額加給 3 分之 2 以上。

工讀生的「勞保」規定：

此外勞工保險部分，依據《勞工保險條例》第 6 條第 1 項之規定，年滿 15 歲以上，60 歲以下，受僱於僱用 5 人以上事業單位及政府機關、公私立學校之工讀生，投保單位應依該條例第 11 條規定，於工讀生到職當日為其辦理加保。不過，如受僱於未滿 5 人的單位，得準用該勞保條例自願加保。所以，工讀生如受僱於僱用 5 人以上的事業單位，於到職當日應主動請求投保單位辦理加保。

工讀生的「工時」規定：

關於工作時間，工讀生的工作時間依《勞動基準法》規定，勞工正常工作時間，每日不得超過八小時，每週不得超過四十小時。雇主有使勞工在正常工作時間以外工作之必要，雇主經工會同意，或經勞資會議同意後，可延長勞工之工作時間連同正常工作時間，一日不得超過 12 小時；基本上，一個月不得超過 46 小時。並規定勞工因健康或其他正常理由不能接受正常工作時間以外之工作者，雇主不得強制其工作。加上，如果是童工或未滿 15 歲不及齡兒童的話，每日工作時間不得超過 8 小時，每週之工作時間不得超過 40 小時，例假日不得工作，並不得於午後 8 時至翌晨 6 時之時間內工作。

Q3. 為保障、保護學生打工安全及權益，還有哪些是必需要注意的事項？

常見的重要勞工權益糾紛：

預扣薪資（先剋扣若干工資，作為賠償之預備違約金）、未工作滿多少天不得領薪、未服務滿預定期限之處罰、預繳工作保證金，又或者預先放棄一切民事賠（求）償條款、強迫加班條款或不加班扣錢條款，扣押身分證等等（註 3）。

工讀期間如遇職災，比照勞基法辦理；雇主未幫保勞保，可向雇主求償損失。

假如工讀生於暑期工讀期間遭遇職業災害，於適用勞動基準法之事業單位應依勞動基準法第 59 條規定辦理。詳細來說，依該勞基法之規定：

（1）勞工因遭遇職業災害受傷或罹患職業病時，雇主應補償其必需的醫療費用。

（2）勞工在醫療中而不能工作時，雇主應自勞工不能工作之日起，按其原領工資數額予以補償，但醫療期間屆滿 2 年勞工仍未能痊癒，經指定醫院診斷為喪失原有工作能力，且不合勞工保險條例所定之失能給付標準者，雇主得一次給付 40 個月平均工資，以免除工資補償責任，或仍按勞工原領工資持續予以補償。

（3）勞工經治療終止後，經指定醫院診斷審定其身體遺存殘廢者，雇主應按其平均工資及其殘廢程度一次給與殘廢補償。

（4）至於勞工遇職業災害或罹患職業病而死亡時，雇主除給予 5 個月平均工資之喪葬費外，並應一次給與其遺屬 40 個月平均工資的死亡補償金。

（5）同一事故依《勞工保險條例》或其他法令規定，已由雇主支付費用補償者，雇主得予以抵充。

如果雇主於僱用期間沒有為勞工加入勞保（原因不一），萬一發生職災就不能享有職災保險給付，而只能向雇主請求因此所受損失。

勞資雙方事前有議定清楚，資方才得預扣勞工工資作為違約或賠償金之用。

有關於工讀生的工資給付方面，雇主應將工資全額直接給付勞工。但法令另有規定或勞雇雙方另有約定者，不在此限。且雇主亦不得預扣勞工工資作為違約或賠償金之用（註 4）。

像設例中女大生打破盤子的情況，工資可不可以作為抵銷的債權，攸關到勞工工資的權益問題。根據主管機關及司法實務判決，工資雖可以作為抵銷債權，但須符合以下幾個前提：1. 雇主與勞工已協議決定好賠償金額及清償方式（勞工對於金額不爭執）；2. 雇主須在主管機關依法限期給付（工資）命令之前（註 5）。否則，不容雇主主張抵銷而免除給付工資的強制義務。

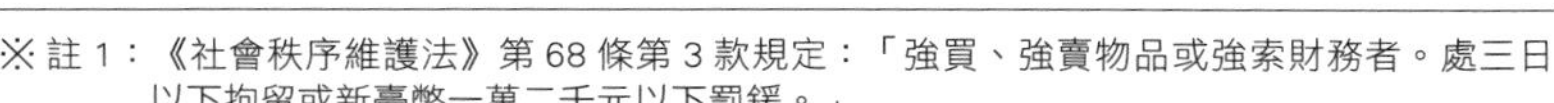

※ 註 1：《社會秩序維護法》第 68 條第 3 款規定：「強買、強賣物品或強索財務者。處三日以下拘留或新臺幣一萬二千元以下罰鍰。」

※ 註 2：有關從事部分時間工作勞工，可參閱 106 年度勞動部最新頒訂的「僱用部分時間工作勞工應行注意事項」及「部分時間工作勞工勞動契約參考範本」。

※ 註 3：資料來源：行政院勞動部官方網站（http://www.mol.gov.tw/cht/index.php?code=list&flag=detail&ids=151&article_id=7318# 勞動條件）

※ 註 4：《勞動基準法》第 22 條第 2 項及第 26 條等規定。

※ 註 5：最高行政法院 91 年度判字第 608 號及 86 年度判字第 1412 號判決。

網路交易：買家要小心，賣家也要當心呀！

案例 1

台北市有兩名大學生，在網路拍賣知名品牌的球鞋，不但被買家指控是假貨，還被控制行動，恐嚇簽下 50 萬的和解金，對方還嗆聲是幫派份子，兩名大學生嚇得不敢回家。誇張的是這群歹徒事後還繼續恐嚇，更嚇得他們也不敢到學校上課。

案例 2

網路拍賣超方便，但在 FB 以及網路上假貨猖獗，詐騙事件層出不窮，不是商品與描述不同，就是拿到衛生紙假貨，或是書本充當相機……但因為都是貨到付款，款項已支付才發現被騙，只能自認倒楣嗎？

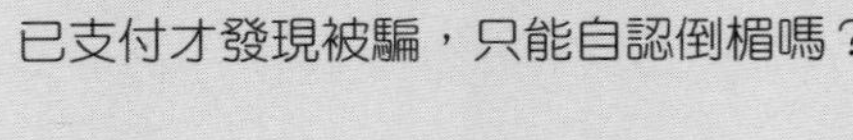

新聞聊一聊

老婆，桌上這是什麼玩偶啊？像KITTY貓又不像KITTY貓的……啊～我知道了啦，它有嘴巴，真的KITTY貓沒有嘴巴，怪不得看起來怪怪的。

是不是！我收到的時候也是哭笑不得，等等小美回來看到，一定超失望的。這是她前幾天在網路上看到的布偶，她很喜歡，拜託我幫她買，你知道我一向不喜歡網路購物，沒有安全感，我是看到賣家有七天的退換貨期限，還註明是「正版授權」，特別便宜，才幫她下單購買。結果今天收到商品拆開看到，我都傻眼了，馬上寫Mail跟賣家反應要退貨，但一整天了都沒有收到賣家回信，看來是被騙了。

網路本來就是虛擬世界，不像實體店面可以仔細端詳商品，網路購物雖然便利、效率高但也伴隨著意料不到的風險，賣家百百種，有些人就是看中買家貪小便宜、怕麻煩的心態，想說沒有多少錢，會算了不追究，才想撈一筆就走。前陣子不是才有很多買家集體被騙的新聞嗎？不少人花了數千元、甚至數萬元不等跟賣家買禮券，直到現場使用才發現網路買的禮券是假的，報警處理後才知道，原來是遇到詐騙集團了。

但我也不想就這麼算了，不是錢的問題，而是不能讓這些不良賣家太猖獗。老公，像這樣在網路上賣假貨的，警察不會抓嗎？我這次為了要幫小美下單買KITTY貓，也順便看了一下網購的狀況，我發現網購真是蓬勃發展，萬物皆有賣耶，從名牌包、3C產品、服飾、二手商品，連醫療用品都有賣，怪不得像我們小美這樣的小學生都會想要上網買東西了。所以是想賣什麼就能賣什麼嗎？

沒有啦！有規範的啦，像菸酒、毒品就絕對不可能賣的啊！至於賣假貨，會被抓的，之前不是就有一個女藝人在網路上賣自己的名牌二手包，結果被買家爆料是假貨，檢舉後才知道，這女藝人在自己買的時候就被騙了，買到了極真的A貨，但自己並不知情，所以才沒有被開罰。像這樣不是明知故犯的例子應該是不勝枚舉，所以，不論是買家或賣家，應該都要事先搞清楚規範，才不會不小心觸法。

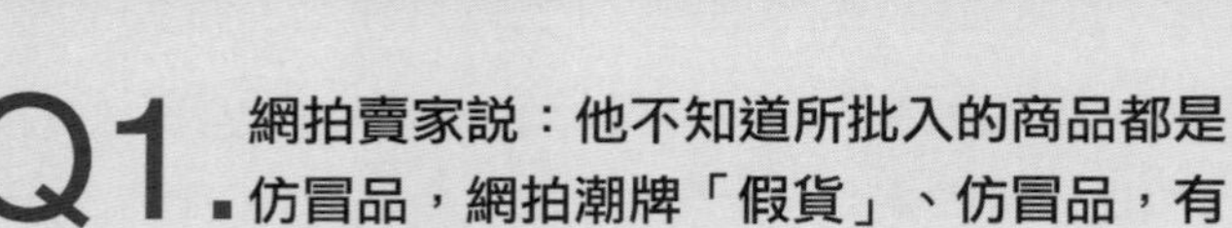

Q1. 網拍賣家說：他不知道所批入的商品都是仿冒品，網拍潮牌「假貨」、仿冒品，有責嗎？

▌刑事法律，原則上只處罰故意犯罪。

基本上，刑事法律是以處罰故意犯為原則，白話講也就是明知不可而為之的情形。例外的情形，法律有特別明文才會處罰過失犯。因此，重點在於怎樣的事證可以使一般人推認說這個行為人究竟是故意，或純屬疏失行為？

我們試想，網拍賣家或實體通路販售，以低於市價 1/3 的價格販售多款知名品牌服飾包括「Superdry 極度乾燥」、"Adidas"、"NIKE"……同時，又從他的倉庫查獲潮牌「假貨」、仿冒商品好幾百件，估計市值約新台幣上百萬元以上。再從交易紀錄上，他從大陸淘寶網進貨、販售，短短 4 個月已累積多達 500 多筆交易記錄。

那麼，試問他事後辯稱不知所批入之商品都是仿冒品，這樣的說詞可以說服一般人嗎？相信，答案是否定的。

販售假貨，不僅違反商標法，連帶須負民事侵權賠償之責。

還有人透過即時通訊軟體 LINE，向中國賣家購買仿冒 CHANEL、DIOR 彩妝用品及香水後，再用市價 3 成的價格在「蝦皮」拍賣網站拍賣，這些刻意仿冒名牌的商人，及出賣仿冒品的人都一樣，除了違反商標法，同時還有民事侵權賠償責任。

Q2. 網路購物遇到瑕疵品或不滿意商品，一律可以退貨嗎？若找不到賣家或賣家不回應的情況下，又該如何處理？

除特定狀況之外，網路購物享有 7 日無條件退貨解約之權利。

網路交易為通訊交易之一種類型，消費者於網路購物，依《消費者保護法》第 19 條第 1 項本文規定，原則上仍享有 7 日無條件退貨解約之權利。但是，所購買之物品如果是屬於「通訊交易解除權合理例外情事適用準則」所規定之特殊商品，企業經營者即可在網站告知消費者，該等商品「不」提供 7 日無條件退貨之情形。

「不適用」7日無條件退貨解約之情況。

準則第3條規定，通訊交易，經中央主管機關公告其定型化契約應記載及不得記載事項者，適用該事項關於解除契約之規定。另準則第2條規定，通訊交易之商品或服務有下列情形之一，並經企業經營者告知消費者將排除消保法第19條第1項規定解除權之適用者，屬排除7日解除權之合理例外情事：

1. 易於腐敗、保存期限較短或解約時即將逾期。
2. 依消費者要求所為之客製化給付。
3. 報紙、期刊或雜誌。
4. 經消費者拆封之影音商品或電腦軟體。
5. 非以有形媒介提供之數位內容或一經提供即為完成之線上服務，經消費者事先同意始提供。
6. 已拆封之個人衛生用品。
7. 國際航空客運服務。

Q3. 遇到網購糾紛，有怎樣的檢舉申訴管道及方法？

網拍、代購所衍生網購糾紛適用消保法。

首先，消保法主要係規範企業經營者與消費者間之法律關係，不適用在個人與個人、商人與商人之間交易法律關係。必須思考的是否所有網購糾紛，都可以適用消保法來保護消費者？換句話講，網路拍賣、網路代購商品服務，以及真品輸入業者（俗稱水貨）出售商品行為是否受消費者保護法規範？

只要是以經銷商品或提供服務為營業，不論是否營利，均屬消保法上的「企業經營者」，就屬性上來講，網路拍賣、網路代購商品服務，以及真品平行輸入業者（俗稱水貨）出售商品行為皆受消費者保護法規範！相反地，假如透過一般社群網站，聯絡住在國外的網友幫忙代買商品，如果該位網友受託代買商品只不過是偶一為之，而非以提供代買服務為營業，那樣，該網友就不是消保法上的「企業經營者」。所以，如果發生糾紛，應依據我國民法有關代理或委任等規定解決。

其次，消保法所規定的「企業經營者」，指以設計、生產、製造、輸入、經銷商品或提供服務為營業者，亦即「凡以提供商品或服務為營業之人，不論其為公司、團體或個人，亦不論其營業於行政上是否曾經合法登記或許可經營，只要是營業之人，均為企業經營者」。進而，網路拍賣或真品輸入業者若符合「企業經營者」之定義，即有消保法之適用

如若消費者與企業經營者因商品或服務發生消費爭議時，可以尋求下列方式解決：

（1）直接向企業經營者申訴

（2）以電話、手機直撥 1950，向各直轄市、縣（市）政府之消費者服務中心提起申訴。

（3）利用行政院消費者保護會建置的「線上申訴與調解」系統，可上網提起消費申訴（註 1）。

（4）也可以向民間的消費者保護團體，例如消費者文教基金會或台灣消費者保護協會申訴。

根據消保法規定，企業經營者對於消費者之申訴，應於申訴之日起十五日內妥適處理，如果沒有得到妥適處理，可以向直轄市、縣（市）政府之消費者保護官提出第二次申訴；如仍未獲妥適處理，還可以向直轄市、縣（市）政府之消費爭議調解委員會申請調解，調解未獲妥適處理或未成立時，可向法院提起消費訴訟。

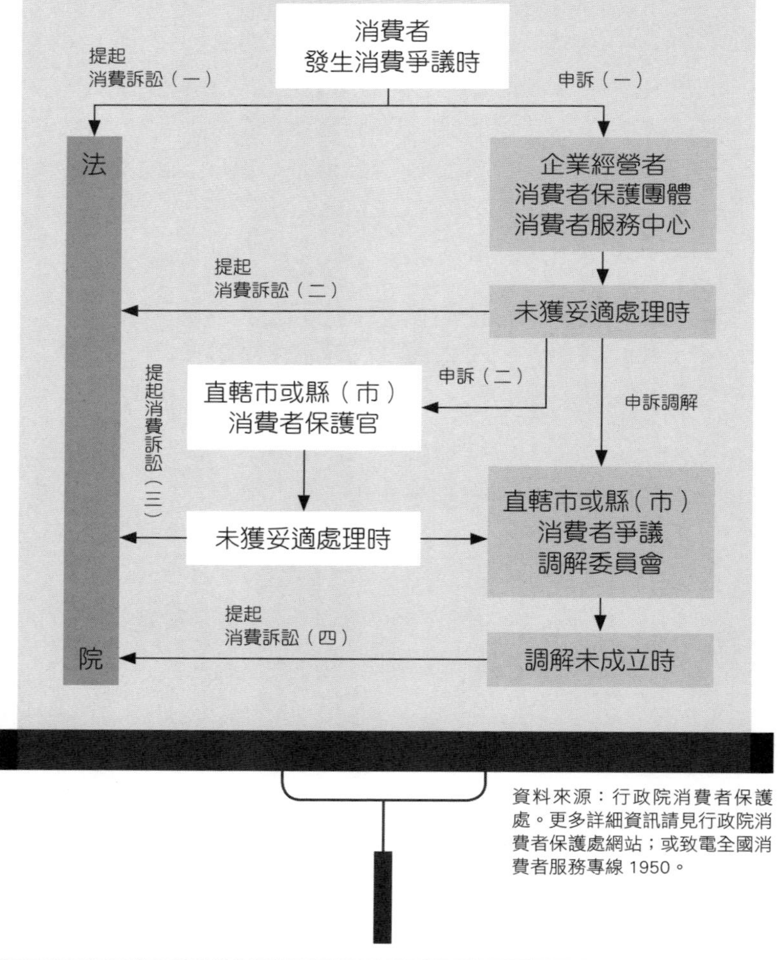

資料來源：行政院消費者保護處。更多詳細資訊請見行政院消費者保護處網站；或致電全國消費者服務專線 1950。

※註 1：消費者利用行政救濟程序，可上行政院消費者保護會網站 http://www.cpc.ey.gov.tw，或行政院全球資訊網 http://www.ey.gov.tw 資訊服務項下之「消費者保護」，點選「申訴調解」，就可以進行線上申訴。

道德規範：讓不讓座雖是個人自由，也關乎私德

案例 1

媒體報導，一名現年 73 歲的胡姓美國華僑，在新竹市搭公車時，見到一名清大學生無視一旁老弱婦孺，坐在博愛座上不讓位，老翁不滿要求這名學生讓座，卻遭學生嗆聲，不僅比出中指要老翁 "shut up"（閉嘴），還出手打傷老翁，目前雙方鬧上警局，老翁揚言將對清大提告，對此，清大將祭出懲處，欲平息風波。

案例 2

一名高中生搭公車回家，低頭打電動沒看到老人家上車，旁邊一名年輕人看不下去，叫他起來讓座，最後居然動手打人。

新聞聊一聊

老婆，小美呢？

在房間上網，享受我給她的獎勵呢。小美她今天很棒，在公車上主動把座位讓給一位孕婦，那位小姐還一直稱讚小美乖呢！小小年紀，就會讓座位給需要的人，所以，我特別嘉獎她網路開放時間。不過，現在有的學生和年輕人真的很不懂事，明明看到有孕婦上車，但坐在前頭的學生或年輕人，沒有一個起身讓位，即使是坐著博愛座的人也低著滑手機，那位孕婦是走到很後面找位子，小美看到她，就立刻站起來把位子讓給她坐。

哇，我們小美真棒！比那些大人都懂事。

是啊，怪不得前一陣子搭車糾紛那麼多，動手打人的、互相辱罵的，導致有關讓座或博愛座能不能坐……這種根本不需要討論的事情也爭議了那麼久，有些人的行徑確實會讓人很看不下去，也才會有「正義魔人」或是「老人家主動要位子」的事情出現。從小我們不就是被教育要有「讓座」的觀念嗎？但現代人真是太冷漠了，這些基本的教育和禮貌都不管了。

其實，還是有很多好心的人啦，我們家小美不就是一個嗎？哈哈。不過，有些狀況，有時也會讓現代人很寒心。像之前我公司的業務就說，他有次出差搭自強號，因為是滿座，有一位老太太上車後竟然要他站起來讓位子給她坐，當下他有點傻眼，「火車上還有讓座的事……」，但看老太太都開口要位子了，還跟他說「只搭一下下，很快就下車了啦」，那個業務看火車也確實有點晃，就站起來讓她坐，沒想到聊天過程裡才發現，老太太居然是跟他同一站下車，他完全被騙了，結果就這樣一路站了一個多小時。

火車上要人家讓位子，這真的就誇張了，還用騙的。

是啊！但若是妳，老人家都開口要妳起來讓座了，眾目睽睽之下，妳好意思不讓座嗎？

也是啦。其實，讓座真的只是小事情！每個人若是都能多一份體諒別人的心，有能力的人多份關心，能主動幫助需要的人；而需要幫助的人，多一份感恩的心，不要自以為理所當然、理直氣壯的，雙方都能平心靜氣處理事情，就不會有那麼多的社會新聞出現了。

妳說的沒錯！好啦，我也要去獎勵一下我家懂事的乖寶貝。

連律師小學堂

Q1. 非博愛座不讓座，或坐在博愛座、優先席不讓座，有觸法嗎？

身處在群體社會裡，有必要去做某件事或不可以去做某件事，有道義上的、政治上的，以及法律上的層面。這本書，是從法的角度作為討論法治教育的課題，因此我們會從法律層面的觀點去描述。

首先，法律責任的概念，法律責任表示一種因違反法律上的義務（包括毀約等）關係而形成的責任關係及狀態，它是以法律上義務的存在為前提的。其次，法律責任還表示為一種責任方式，那就是承擔不利的後果。再來，法律責任具有內在邏輯性，也就是存在著前因、後果的邏輯關係。法律責任的追究是由國家強制力實施，或者潛在保證的。

讓座與否，屬於道德層次，不涉及法律規範：

照這樣來說，如若尋遍整部六法全書沒有任何有一條法律規定「不讓座」是違反法律的，那麼，任何人都不可以強迫他人有讓座的義務。至於，讓座與否，它可以是一項公共議題作為公民意論的課題，或親子家庭教育的內容。

如若，一個社會行為，在社會整體秩序下把它劃分界定是法律層面（通常就是透過立法者立法程序），那麼，該社會行為就不會再單純只是道德、或者政治行為。比如，酒後駕車，害人害己，還造成別人家庭破碎。立法者再根據違反整體法律秩序而發生的不法（危害）程度，可以約略分為民事責任、刑事責任、行政責任與違憲責任等種類。詳細來說，民事責任，是指由於違反民事法律、違約或者由於民法規定所應承擔的一種法律責任；而刑事責任，是指行為人因其犯罪行為所必須承受的，由司法機關代表國家所確定的否定性法律後果。再來，行政責任是指，因違反行政法規定或因行政法規定而應承擔的法律責任。最後，違憲責任則是，由於有關國家機關制定的某種法律和法規、規章，或有關國家機關、社會組織或公民從事了與憲法規定相抵觸的活動而產生的法律責任。

Q2. 沒有讓座、協助抓竊賊，竟遭正義魔人出手毆傷或遭辱罵、嗆聲，觸法嗎？

對於沒有讓座，竟遭正義魔人出手毆傷、辱罵，或者是某位運將協助抓賊，逮到後竟扮起正義魔人，私設刑堂審問竊賊偷手機、要他認罪的影片，留置至少 4 小時，才將他送警處理。這樣私設刑堂審問逼供，恐怕已經涉嫌觸犯刑法妨害自由罪。

Q3. 正義魔人將影片公開 PO 網公審的行徑，並出言不遜辱罵未讓座者「做雞」，被拍攝的當事者可以提告嗎？

按照通案情形可能涉及觸犯幾項法條：

（1）強迫他人讓座，甚至動手拉扯、毆傷，可能構成刑法妨害自由罪章的強制罪、普通傷害罪，將有刑事責任。

（2）萬一口出了惡言、辱罵，則涉嫌刑法上公然侮辱、誹謗或恐嚇等刑事責任。

（3）將他人照片私自 po 網公審的行徑，侵害隱私、肖像、名譽，及違反個人資料保護法。

（4）動手拉扯、毆傷、口出惡言、辱罵，或 po 網公審行徑，侵害隱私、肖像、名譽，及違反個資，皆涉及民事侵權賠償責任。

馬路如虎口：假車禍，真勒索

高雄市刑大逮到一名以製造假車禍勒索學生的歹徒，這名歹徒因為學生好欺負，專門在高中職校園的周遭，攔下走路或者騎腳踏車的學生，然後硬誣指遭對方撞到，向學生勒索數百元至數千元的和解金，由於嫌犯渾身刺青，還作勢打人，嚇得學生都趕緊掏錢了事，其中一名學生被堵兩次，不僅被搶了近萬元，還遭逼簽和解書。

新聞聊一聊

「老婆，我回來了。」老公拖著疲憊的身軀，手提著多年來一直跟他上山下海打拼事業的黑色系公事包，這個公事包是長方形古典式造型，頗具有懷舊風格。

「你回來啦，今天比較晚哦，辛苦了。」老婆也一如往常地回應著。

是啊，路上遇到一起車禍，有兩部車子擦撞，卡在路中間，塞得整條路都動彈不得！下班顛峰時間遇到這種事最麻煩了，兩位車主火氣都很大，一下車先吵架，吵一陣子才知道要叫警察。一直等警察來畫了線，才把車子移到路邊，路才暢通，他們還是繼續再吵，都指責是對方的錯啦。

其實，我想不會有人想要故意去撞別人的啦，撞別人自己也吃虧啊，一定是因為不小心或是沒注意才會撞到的，只要人平安就好，為什麼就不能心平氣和的好好處理，再請警察釐清責任歸屬就好了啊，又不是大聲就贏。

欸！老婆妳說到一個重點，是不是「故意」的差很多哦。

什麼？一般的車禍擦撞不就是疏失造成。難不成，還真有人故意拿自己的性命開玩笑去撞別人的車哦！？

妳忘了前幾天的社會新聞，台北市刑大破獲一起假車禍真詐財的案件，一名計程車司機利用對方車輛欲變換車道或轉彎時，再刻意加速擦撞被害人的車子，然後將行車紀錄器拍到的過程當作證據，藉機敲詐勒索被害車主，這樣 3 年下來竟累積了高

達67個案件，最誇張的是，有時一天還要撞兩次。

真的假的？也太誇張了吧！真的騙得到錢喔！？

天下事無奇不有，更何況目的是為了「錢」，有些人什麼事都能做得出來。只要詐騙金額不大，大部份的人都寧願花錢消災，息事寧人。

貪跟貧兩個字，只不過差了個一撇。夜路走多了終究會遇到鬼的，還是被抓到了吧！

耶，老婆，這事剛好提醒了我，飯後，我們順便上網蒐集車禍發生時該如何應變的方法和步驟，認識車禍意外防範之道哦，因為妳還是一隻新手上路的菜鳥，而且小美她一個女孩子有時一個人在外騎車，有個萬一，起碼要知道處理方式，不然妳們一大一小，道路經驗又不夠，萬一遇上有人想要藉機欺負妳們，或是真遇上了假車禍真詐財的人，妳才不會因為緊張或害怕傻傻地吃悶虧吶。

嗯嗯，說得對，防人之心不可無呀！當然，我們要避免傷害別人之餘，自我保護也真的很重要。

連律師小學堂

Q1. 學生遇車禍擦撞事件時，應如何保障自身權益？法律程序上正確的處理步驟和方法為何（註 1）？

1. 切勿不理睬、自認有理任意離去。

如發生車禍意外打 110 或 119 送醫並報案，警察到場處理或雙方留下書面聯絡資料前，切勿以為只是小車禍就擅自離去，以免另涉肇事逃逸刑責

2. 維持現場，讓警採證。

儘量先維持車禍現場，趕緊自行拍照車禍地點、路況、位置、撞擊點、交通號誌、車輛受損、雙方傷勢等情形存證，並立即詢問目擊證人聯絡方式，及記錄當時附近車輛車牌號碼，再跟到場處理警員說明並指出要點。另要即早調取附近監視器畫面，保存行車紀錄器，有助於事後還原當時車禍情形。

3. 釐清雙方肇事責任歸屬。

可向警方申請「交通事故初步分析研判表」，若不服警方初步研判，可再向車輛行車事故鑑定委員會申請「車輛事故鑑定意見書」，以釐清事故責任。

4.「別」急著私下和解。

和解是多數人的優先選擇，建議釐清責任歸屬前先「不要」急著私下和解，以免影響日後訴訟及保險理賠權益。

5. 和解時切忌雙方口頭約定，應以白紙黑字立明雙方權利及放棄日後訴訟。

舉例來說，兩年前某位學生騎機車，與陳姓轎車車主發生車禍，他人車倒地輕微擦傷，對方還給他二千元和解，他以為沒事了，沒想到兩年後，接獲法院開庭通知。他追問才知，原來陳姓車主轎車受損，進廠修理花了四萬五千元，保險公司付款後，將債權賣給這家顧問公司，顧問公司取得代位求償權後，在民法規定兩年求償期的最後一天，向法院提出毀損賠償的告訴。這名學生表示，當初只是擦撞，以為只是小車禍，加上地點在十字路口，為免影響交通，同意對方給他二千元和解，「如果對方沒有錯，怎麼可能給我這筆錢！」但顧問公司人員主張，陳姓車主車門毀損，送廠修理，保險公司支付這筆修理費，指陳應負毀損賠償責任。

通常情形來說，甲、乙兩車相撞，經警方鑑定甲車為肇事車輛；此時乙車投保的產險公司，會先理賠乙車車主，假設理賠五萬元。理賠後，乙車的產險公司，就會向「甲車車主」追討這筆五萬元理賠金額。

NOTE

好學習 062

當心！孩子一不小心就觸法

專業律師親授預防孩子誤闖法律禁區的33堂課

家長老師必讀、孩子必修的自我保護法律課！

作　者　連世昌
顧　問　曾文旭
統　籌　陳逸祺
編輯總監　耿文國
主　編　陳蕙芳
封面設計　吳若瑄
封面圖片來源　圖庫網站Shutterstock
內文排版　海大獅
插圖繪製　海大獅
法律顧問　北辰著作權事務所

印　製　世和印製企業有限公司
初　版　2020年10月
（本書改自《別讓孩子因無知而觸法：家長老師必讀、孩子必修的33堂自我保護法律課》一書）
出　版　凱信企業集團-凱信企業管理顧問有限公司
電　話　（02）2773-6566
傳　真　（02）2778-1033
地　址　106 台北市大安區忠孝東路四段218之4號12樓
信　箱　kaihsinbooks@gmail.com

定　價　新台幣320元 / 港幣107元
產品內容　1書

總經銷　采舍國際有限公司
地　址　235 新北市中和區中山路二段366巷10號3樓
電　話　（02）8245-8786
傳　真　（02）8245-8718

國家圖書館出版品預行編目資料

當心！孩子一不小心就觸法：專業律師親授預防孩子誤闖法律禁區的33堂課 / 連世昌著. -- 初版. -- 臺北市：凱信企管顧問, 2020.10
面；　公分
ISBN 978-986-99393-4-8(平裝)

1.法律教育 2.親職教育

580.3　109014459

用對的方法充實自己，
讓人生變得更美好！

凱信集團